JN297023

葬儀は変わった！　これからの葬儀マニュアル

親の葬儀をひかえた団塊世代への提案書

はじめに

九・一一のテロで、息子さんを亡くされたお母様の話です。

その日以降、新聞やテレビを見ることはできなかったそうです。たまたま、十一月末の夕刊に、目を通しました。すると、ホテル葬の記事が目に入りました。これは、息子が引き合わせたのだと思い、ホテル葬で息子さんを送りたいと思いました。しかし、ご主人にも、その思いを、言うことはできませんでした。

「こんな方法はいけない。」

そんな思いがあったからです。結局は、一ヶ月も悩んだ末に、ご主人に話すことができ、翌年の三月に、ホテルで「お別れの会」を開きました。桜の開花が、異常に早い年で、桜の中で行われました。

死んだ時に着せて欲しいと、最後の入院の時に、自ら白いネグリジェを持ち込んだ母親の、思いを叶えてあげようとした、娘さんの話です。

通常通りの葬儀は行わないで、会場を花のアレンジで飾り、フルートとシンセサイザーの生演奏の中で、故人の人生をナレーションで振り返り、故人が学生時代に歌っていた賛美歌を全員で歌いました。

式の後のことです。知り合いのフレンチレストランの料理が並べられた会場で、故人の友人たちに、「良かった」と言われ、やっと安心できたようです。その後も、多くの人に「良かった」と言われ、「やはり、やって良かった」と思った様子でした。一般的でない方法で行うことのプレッシャーは、非常に大きかったようです。

現役をリタイアする時に、ご自分の葬儀の準備をした人の話です。先輩の葬儀を何件も手伝っている経験から、自分の葬儀も、普通に行えば、数百人が集ってしまう。しかし、ある想いから、そんな葬儀はしたくない。家族だけで行うために、事前に立てた計画です。

死んだことは、誰にも知らせない。その夜、妻は写経する。息子や孫たちには、手紙を書いてもらう。翌日、柩に入れてもらうためです。坊主は信じていないが、仏教は信じているので、家を出る前には、家族一同で、般若心経を唱えてもらう。火葬の後は、近くのホテルで会食をして、終りにする。呼ぶのは、近所の、世話になった数人と、自分の家族だけ。息子の奥さんは構わないが、奥さんの親戚は、葬儀には呼ばない。そして、葬儀が終わってから、自ら用意しておいた挨拶状を、交流のあった方々に送ります。

ごく僅かですが、従来の形式に捕らわれることなく、自らの意思を持って、葬儀を行おうとする人が増えてきています。中には、その思いを貫いている人もいます。その傍らには、思いを持っても、その通りに実行できずにいる人が多数います。それは、そう思う人がまだ少数派であることと、社会の環境が整っていないからです。

父親を、ホテルの「お別れの会」で送ってあげたいと思ったが、家族に反対され、断念せざるをえなかった。家族の反対で諦める話は、よくあります。それ以前に、世間体を考えたり、葬儀は従来通りに行わなければならないと、自制の念が働いたりして、断念してしまう人が多いようです。

私ごとですが、二年前に、父親が脳梗塞で倒れました。家で、具体的な葬儀の話をしました。私は、意味のない形式に拘らないで、祭壇無し、読経無しで行いたいと言いました。父親は任せると言います。しかし、母親は、普通に祭壇を飾って、お坊さんを呼びたいと言います。祭壇がないと世間体も悪いし、読経がないと、葬儀でないように思っているようです。そのため、母親の思いを優先することにします。この後に及んで、母親の考え方を変えさせるのも酷な話だし、好きなようにさせてあげたいと思うからです。

ただ、ほとんどの人は、葬儀には、全く無関心でいます。何も考えることもなく、親が死んだから、自動的に葬儀社に連絡して、あとはそのレールの上に乗っているだけで、葬儀を終えてしまいます。この間、ほんの数日です。何のために葬儀を行うか、何だったのか、そんなことを考える時間もありません。葬儀を御座なりに行っている、蔑ろに行っている、そんな意識を持つことすらありません。

今の葬儀は、消費者の無知と無関心の上に成り立っています。無知でも、恥は掻きたくない。そのため、葬儀を行う時には、人と同じようにすることで安心を求めました。そして、葬儀は従来通りに行わなければいけないという既成概念を、自ら作り上げ、それに縛られることになってしまった。その結果、現在のやり方に疑問を持っても、従わざるをえないと思い、いやいや続けている人も増えています。

現状を、このように捕えることを、おかしいと思う人も、多いかも知れません。しかし、あなたは、葬儀に関して、どれだけ知っていますか。何度も葬儀に参列していれば、その手順や作法は知っているでしょう。ただ、何で僧侶が読経するのか、戒名が必要か、祭壇が必要かなどは、知らないと思います。また、葬儀は時代と共に変わるものだと、知っていましたか。葬儀は、人々のニーズに応じて、その意義や行い方を変えてきています。歴史を見れば、明白です。従来に捕らわれる必要はなく、変わるべきものです。

きっと、様々な事実を知ったら、従順に、今の葬儀に従うことは、できなくなる人は多いと思います。ただ、関心も持たないから、葬儀について、知ろうともしない。そして、無知だから、何も考えない。これが、現状でしょう。

言葉は悪いかも知れませんが、葬儀に関しては、現在の消費者の多くは、屠殺場へ送られる家畜と、何の変わりもありません。何も考えることなく、何を感じることもなく、押し流されるままに、その場に向う。果たして、このままで良いのでしょうか。自分を育ててくれた親の葬儀です。その意味くらいは、考えて行うべきではないでしょうか。

こう言う私も、八年前までは、葬儀に関しては、全く無知・無関心の消費者の一人でした。偶然、仕事で葬儀社を回ることになり、消費者の無関心さ、無責任さを痛感し、葬儀に関心を持ち始めました。そして、疑問を解決しようと思い、少し勉強を始めてみると、驚かされるような事が、次から次へと出てきました。

そのうち、「果たして、今の葬儀は、このままで良いのか」という思いが湧き、現在は、ホテル葬の企画運営と、葬儀の事前準備相談という、まだ社会的には馴染みのない仕事をしております。ただ、葬儀社に勤務した経験もなく、葬儀に関しては、全くの素人です。

これから書かせていただくことは、皆さんと同じ、消費者の目線で捕え、感じたことです。それも、既得権益もしがらみもないので、自由に、思うままに、少しでも多くの人に、葬儀について考え、自らの意思を持って、葬儀を行っていただくことを願い、書かせていただきます。

二〇〇七年一月

石渡　元

本当に、〝従来通り〟に
行わなければならないのでしょうか

1――〝従来通り〟は、誤った既成概念です

葬儀は、従来通りに行わなければいけません

葬儀は、昔から行われてきているものなので、人が死んだら、祭壇を飾り、黒い袈裟《けさ》を着た僧侶に、読経《どきょう》をしてもらわなければなりません。祭壇の意味がわからないとか、読経代が高いとか、そんなことを思うことは、不謹慎です。ただただ、従来通りに、行わなければなりません。

きっと、多くの人は、こう言われると、そのまま信じてしまうと思います。なぜなら、ほとんどの人は、漠然とですが、そう感じていると思うからです。

何も考えることなく、従来の方法に従っています

実際に、人が死ぬと、キリスト教や神道など、信仰している宗教を持たない人のほとんどは、仏教を信じているわけでもないのに、仏式の祭壇を飾り、僧侶を呼んで、葬儀を行います。彼らは、何も考えることもなく、当然のこととして、行っています。そうしない人は、ごく僅かです。年々、無宗教式の葬儀を行う人は増えてきていますが、東京都の調査では四%、全葬連という葬儀社の団体の調査では一%程度に過ぎません。

その他の人は、盲目的に、従来の方法に従っています。その中には、疑問を抱くばかりでなく、

不満を持っていても、それに従っている人が多くいるのが現状です。葬儀は、従来通りにしなければならない。そう思っているからです。

〝従来通り〟は存在しません

葬儀は、従来通りに行わなければならない。この考えは、誤っています。

そもそも、現在の葬儀は、昔から、続けられてきたものではありません。祭壇を飾り、通夜、葬儀・告別式と続けて行う葬儀は、戦後から始められたものです。現在では当り前に行われている告別式も、初めて行われたのは、明治三十四年です。それが普及し始めたのは、大正に入ってからです。

歴史を見れば明らかですが、葬儀は、時代と共に変わるものです。従って、〝従来通り〟に行うにしても、その〝従来通り〟が本来はないからです。

誤った既成概念は、無知から生まれたものです

この誤った思い込みは、消費者の葬儀に関する無知と、恥を掻きたくない思いから、生まれたものだと思います。

ある程度の年になった人なら誰でも、葬儀に参列し、焼香をした経験があるはずです。しかし、焼香や遺族への挨拶を習った人は、ほとんどいないはずです。そのため、どう振舞ったら良いかという知識を持たないので、他の人と同じように行動しながら覚えたと思います。他の人と同じようにしていれば、間違いはないと思うからです。

喪主や遺族となり、葬儀を行う場合も同様です。どのように行うものか、事前に習う人はいません。その場になり、急に行います。しかし、知識は何もありません。そのため、恥を掻かないようにと思い、従来通りに行います。その繰り返しが、いつの間にか、既成概念となり、常識となっているものと思います。

ホテルの「お別れの会」の献花で、よく目にする光景です

ホテルで行われる社葬では、献花が行われます。当社で仕事を受けている時には、私は、祭壇脇の司会者の後方で、式典の進行状況を見守っています。そのため、献花している人の様子を、前から見ていますが、毎回必ず行われている、面白い光景があります。

社葬なので、参会する人数が多いため、献花台も長く、八人程度が一緒に、献花を行います。この時、花を献花台に置いた後に、誰かが両手を合わせると、同じ列の他の人はそれに続きます。そうするものであると思い、とっさにそれに従っているようです。一人だけが、手を合わせる光景を、見たことはありません。（献花では手を合わせる必要はありません。）

これも、無理も無いことと思います。献花の仕方を、習ったこともないまま行っていているのでしょうし、恥も掻きたくないでしょう。

2――〝従来通り〟の大元は、偽りから作られたものです

僧侶は、葬儀を避けたがっていました

葬儀では、僧侶は黒い袈裟を着てきますが、平安時代までの僧侶は、黒い袈裟を着ていませんでした。また、天皇や仲間以外の葬儀に携わりませんでした。それは、天皇に仕える身であるので、死の穢《けが》れを避けていたからです。そのため、人の死に接した場合は、宮中にあがることも禁じられていました。

黒い袈裟は、鎌倉時代に入り、村々へ出た法然や親鸞などの新仏教の僧侶が、死の穢れも厭わないで、葬儀にも関わるという意思表示で、着はじめたものです。

現在では、僧侶が葬儀を行うことは当り前のことですが、もともとの僧侶は、葬儀には、積極的に関わりあうことを嫌っていました。

経済的な基盤を葬儀に求めてから、積極的に行うようになりました

それでは、いつから、何故、積極的に葬儀に関わり始めたのでしょうか

僧侶が、庶民の葬儀に深く関わり始めたのは、室町時代の応仁の乱以降です。それは、自分たちが生きていくためでした。平安時代までの僧侶は、高級官僚のようで、国から、衣食住を与えられ

ていました。そのため、親が地位の高い人の子供しか、僧侶にはなれませんでした。

しかし、貴族から武士の時代へと、社会の大きな変化に伴い、支援してくれる後ろ盾もなくなり、自ら、衣食住を求める必要に迫られたからです。

そして、僧侶が経済的な基盤を葬儀に求めるようになって、仏教学者がいう、葬式仏教なるものが誕生しました。

お釈迦様や宗祖の教えに背くことになりました

ところが、お釈迦様は、弟子たちに、葬儀に関わることを禁じていました。親鸞や一遍も、弟子に、自分の葬儀に関わるな、と言い残しています。仏教の教えには、葬儀はありませんでした。

このことで、庶民に、葬儀を積極的に勧めることは、大きな矛盾を抱えることになりました。そのため、偽りの宗祖の教えを作り、それに従う形をとることにより、正当化を図ることにしたのです。空海の作とされる「弘法大師逆修日記」、法然の作とされる「金剛宝戒釈義章」、日蓮の作とされる「十王讃嘆鈔」等々は、そのための偽書と言われています。

当時では、今のように、簡単に情報を入手できる時代でもありませんから、その信憑性を問われることもありませんでした。

徳川家康の「東照宮十五か条」という偽書

しかし、こんな偽書で驚いてはいけません。江戸時代には、「東照宮十五か条」という、徳川家康の名前を騙った、嘘の御触書が作られました。当時は、キリシタン対策で、檀家制度が作られました。その制度では、寺に檀家と認めてもらえないと、一族郎党までが普通に生活が送れなくなりました。このことは、寺が人々の生殺権も握ったのも同様でした。この偽書は、この檀家制度を悪用するために、作られたものです。

死んだら、戒名をつけてもらわなければならない。檀家は、地方で死んでも、余程のことがない限り、他の寺で葬儀をあげてはいけない。寺の改築や修理の費用は、檀家が負担しなければならない。今に残る、こんな決まりごとは、この偽書に端を発しています。

江戸時代の坊主のやりたい放題

そして、江戸時代には、この制度を悪用する坊主が、後を絶ちませんでした。悪行の数々が、当時の文献に、たくさん記録されています。その中の一つ、相模国の長泉寺での出来事です。

寺の住職である僧哲明が、村の奥さんを気に入って、言う通りにしないと、檀家証明を出さないと脅し、関係を結びました。やがて、その関係が知れら、その夫は、妻と別れることになりました。しかし寺の方はというと、今後のこともあるので、何もいえませんでした。そのことで、その奥さんが怒り、庄屋の助けをかり、その寺の中本山に訴えでました。こんな記録が残っています。それから三十年後、またしても同じ寺で、同じような事件がおきました。

セミナーでこの話をすると、「その寺に限ったことではなく、日常茶飯事のことだったのでしょう」と、女性の受講者から言われることがままあります。こう言われてしまうと、こちらも複雑な思いです。

そうなっている理由を知っても、
望んで行いますか

3――葬儀では、何故、お坊さんが読経するのでしょうか

読経する意味を知らなければ、その価値はわかるはずはありません

仏式の葬儀では、必ずお坊さんがお経をあげます。そのために、遺族は数十万円を読経料として支払います。金額が高いと思っても、値引きの交渉をすることもなく、言われた通りに支払います。読経がないと、葬儀が始まらないと思っているからでしょう。

そして、その金額に見合う満足感を得ている人は、非常に少ないと思います。読経する意味を知らなければ、その価値もわからないので、当然でしょう。

あの世に送り届けたいと思わないなら、無駄なことです

さて、お坊さんが葬儀で読経するのは、何のためでしょうか。宗派により、お経の種類も異なりますが、本来は、故人を無事にあの世に導くために行われるものです。

現在では、死んだ親に、安らかに眠って欲しい、ゆっくり休んで欲しいと思う人が一般的です。あの世に無事に辿り着いて欲しいと、昔ながらに思っている人は、少ないはずです。

そうであれば、読経は無駄なことになります。単なる演出として行うなら、非常に高くつくもの

です。数十万円掛けるなら、もっと良い方法があるはずです。

つまりは、今はほとんどの人が、何も考えることなく、お坊さんにお金を払い、お経をあげて貰っているのが現状ではないでしょうか。

自分で、必要がないと思うなら、読経を依頼する必要はありません。


お坊さんに、あの世は何処か、聞いてみませんか

読経を行わないことを、真剣に考えてみる価値はあると思います。ただ、無駄だと思っても、お経をあげないと、葬儀らしくない、世間体が悪い、ケチと思われたくないなど、簡単には踏み切れないと思います。そんな人に、勧めたいことがあります。

あの世は何処ですか。読経にくるお坊さんに、聞いてみてください。あの世が何処にあり、どのように行けば辿り着くか。そのことを良く知っていれば、直ぐに答えられるはずです。道順を、地図に書いてくれるように教えてくれるお坊さんなら、安心して読経をお願いできると思います。

しかし、判り易く答えてくれるお坊さんは、少ないはずです。勘ぐれば、お坊さんが、あの世のことを良く知らないため、行き方も知らないのかも知れません。もし、読経するお坊さんが、あの世に行く道を知らなければ、故人をあの世に導くことはできません。そんな人が、故人をあの世に導くことができるか、不安に思いませんか。

そして、高い読経料は、どうなるのでしょうか。

4――戒名は、何の役に立つのでしょうか

死んでから戒名を付けるのは、日本だけです

　自分の両親や、祖父母の名前を知らない人はいないはずです。しかし、その戒名を知っている人は、少ないと思います。それでも、仏式の葬儀を行う人のほとんどは、仏教徒でないにも関わらず、死んでから、戒名を持ちます。好き嫌いに関わらず、付けなければならないものと、思い込んでいるためです。中には、戒名は付けずに、生きていた時の名前のまま、俗名で通す人もいますが、少数です。

　死んでから戒名を付けるのは、日本だけの風習です。他の国の仏教徒からは、変な目で見られています。

仏門の戒律を、守ることを約してもらうものでした

　もともと戒名は、仏教の修行に入る時に、授かっていました。盗みや、男女の交わりを行わないなど、仏門の戒律を守ることを誓う意味で、戒名というようです。当然、生きていなければ、貰うものではありませんでした。

　仏門に入ってからは、修行を重ね、修行僧から、一人前の僧侶になります。そして、段階を踏ん

で、大僧正などへ、位をあげていくことになります。ただ、戒名は、仏門に入る名前なので、位の分けようもなく、差別はありませんでした。しかし、今では、ランクに分けられています。

現在では、戒名は時価で買わなければならないものです

現在では、人が死ぬと、戒名料を払い、戒名を買うことになります。一部の寺では、料金表を用意してあるようですが、料金は明示されていません。このため、多くの人は、非常に不安に感じています。僧侶に聞いてしまったら、言われた金額を支払わなければならなくなってしまいます。しかし、少な過ぎたら、恥を掻いたり、きちんと対応してもらえなかったりする心配があります。そのため、葬儀社に聞いて、言われた金額を支払います。

ただ、戒名に価値を感じる人は、料金が高い方が、有難さを感じるようです。人によっては、金を惜しまないで高いものを希望します。しかし、戒名料の根拠がはっきりしないため、払いたいと思わない人が多いようです。この風潮を嘆く僧侶の中には、戒名が欲しい人に、無料で提供する人も現れています。

何故、死んでから戒名を付けるのでしょうか

何故、日本では、死んでから戒名を付けるようになったのでしょうか。定かではありませんが、理由はいくつか考えられます。

現在の葬儀の形式は、僧侶が僧侶のために行う葬儀が原型になっています。僧侶の名前は、俗名ではなく、戒名です。このため、戒名が必要になったものと思われます。また、死後でも、戒名を

付けてあげれば、少しでも早く、極楽に行き易いと考えられたようでもあります。あの世で苦労しなくて済むようにという、遺族の思いやりのためです。

ただ、誰もが戒名を付けるようになったのは、先に触れた、諸悪の根源である「東照宮十五か条」です。死んだ人には必ず戒名を授けよ。そう書かれているからです。

戒名は、お墓に関係してきます

戒名は、入るお墓が決まっていて、その宗派が決められている人には、必要になります。その戒名がないと、入る予定のお墓に入れないからです。そうでなければ、無くても構わないものです。

特に、入るお墓を寺に持っている人は、その寺の住職に戒名を付けてもらわないと、トラブルになります。他宗派の戒名は勿論のこと、葬儀の関係で、その寺でない僧侶に戒名を付けてもらってしまうと、その寺の墓地に入る時には、戒名を付け直されることになります。戒名料は、寺や僧侶の収入源になっているからです。単に、既にある墓に骨を入れるだけでは、何の収入にもならないからです。

本当は、誰もが戒名代を払いたくないんだ

講演時に質問を受けると、この戒名に関わることが一番多いのです。この仕事を始めた当初、何故、戒名に関心が高いのか、疑問でした。ある時、その理由に気が付きました。質問してくる人は、戒名代を払いたくない。払うにしても、一番低い金額で抑えたいと思っているから聞いてくるのだと。

ただ、戒名の問題は難しいものです。すべて、住職次第になってしまうからです。特に、寺に墓地を持っている人の場合、返答に困ります。両者の関係がこじれてしまうことが、一番の不幸だからです。

5——何故、葬儀式場で行うのでしょうか

葬儀は、自宅では行わないものになっています

都市部の葬儀社の人に聞くと、九〇%近い人は、自宅でない場所で葬儀をあげているようです。宗教施設でない所では、マンションの集会所や公民館などもありますが、ほとんどは、専門の葬儀式場です。これは、家には、スペースがないこともありますが、消費者にも葬儀社にとっても、行うのが簡単だからです。

自宅で行う場合には、棺を置く場所や参列者を接待する場所を確保するために、家具を移動させる手間がかかります。玄関も広くなければ、棺の出し入れにも苦労します。マンションでは、エレベーターが広くないと、棺も入れることはできません。また、通夜や告別式に、多数の人が訪れれば、隣近所の人には、迷惑をかけることにもなるからです。

葬儀式場は、葬儀社のために作られているようです

葬儀式場は、葬儀を行うために作られているので、葬儀社にはありがたいものです。自社で持っている式場では、祭壇から受付まで、すべてセッティングされているので、何の手間もかかりません。そのため、余計な人出も不要になり、人件費が節約できます。また、会場が広ければ、大きな

祭壇も使えるし、多くの人を集めても平気です。大きな祭壇が使えれば、それだけ利益も多くなり、葬儀社には嬉しい限りです。

家の近くに葬儀式場ができても平気ですか

このため、建設資金を借金しても、自社で葬儀式場を持つ葬儀社が増えています。自社の式場を持てば、受注した仕事は、必ずその式場で行います。当然、使用料を徴収します。ふつうに仕事をこなしていれば、確実に返済でき、将来的に、完全に自社の所有物件になると思うからです。

ただ、死を扱うためでしょうが、多くの人は、葬儀式場には、悪いイメージを持っています。そのため、自宅の近くに、葬儀式場建設の話があれば、反対します。しかし、このような人も、親の葬儀を、自分が嫌う葬儀式場で行います。不自然な話です。

本当は、家に戻してあげたいと思いませんか

また、葬儀式場で葬儀を行う場合、ほとんどの人は、遺体を自宅に戻すことなく、直接、病院から葬儀式場へ運びます。自宅に遺体を入れるとなると、大変だからです。このため、死んでいく人にとっては、病院へ向う時が、家を最後にする時になります。

死んでしまえば、後のことはわからないかも知れません。ただ、せめて、最後くらいは、故人の住みなれた家に戻し、自分の部屋で、休ませてあげたい。そう思いませんか。もし自分が、遺体となって運ばれ、初めての場所に連れていかれたなら、どんな気持ちになると思いますか。

従来の葬儀では、確かに、自宅で行うことは大変です

故人を、自宅から送ってあげたくないですか。こんな話を、葬儀を勉強している市民運動の人の前で、話したことがあります。すると、自宅で葬儀をあげることは大変で、そんなことはできない。それ位のことは、勉強して知っている。そう話をさえぎられてしまいました。その人たちの頭の中には、祭壇を飾る葬儀しかなかったようです。

個人的には、そんなことをしても仕方がない。それより、本当はどうあったら良いか、葬儀の本質を考えれば良いのにと思います。しかし、そんな話は聞いてもらえませんでした。

確かに、自宅で葬儀をあげるのは、大変です。ただ、従来の形式で行うならの話です。大きな祭壇を家に入れ、故人と面識のない人まで来てもらうなら、広い部屋、広い家、広い庭がないと、簡単には行うことはできません。

しかし、祭壇を飾ることもなく、家族と親族だけの、ほんの少人数で行うなら、そう大変ではないはずです。例えば、お正月に、親戚一同が介するのと同じようなものです。

6――祭壇を飾らない商品は、何故、用意されていないのでしょうか

祭壇のないセットはありません

葬儀に掛かる費用は、大きく四つに分けられます。葬儀の運営に関わる一切の費用のほか、読経や戒名料などの宗教家に支払う費用、霊柩車や火葬場、式場の賃料などの実費、通夜振舞いなどの参列者の接待に掛かる飲食費、香典返しがあります。

葬儀の運営にかかる費用には、祭壇や棺の代金、葬儀式場の設営から式の運営、それに付随する遺影、生花、会葬礼状、最少日数のドライアイス代、葬儀社の人件費などが含まれています。これらは、基本料金とか、葬儀一式料金という名前で、セットになっています。棺については、セットで決められたものより、高いものを選べるようになっていますが、他の内容は、葬儀社によって多少の違いはありますが、ほぼ同じです。ただ、必ず、祭壇は含まれています。

言い方を変えれば、葬儀社には、祭壇を用いない葬儀は、商品としてはありません。無宗教式の葬儀では、宗教祭壇でなく、花祭壇が組み込まれています。

祭壇が利益を生む仕組みになっています

祭壇が外せない理由は、祭壇が、葬儀社の利益を生む道具になっているからです。

通夜、葬儀、告別式を行うと、規模にもよりますが、葬儀社から二〜三人程度が立会います。彼らが、一日四時間として、二日分、延べ一六〜二四時間かかります。一時間一万円で換算すると、凡そ二〇万円程度になります。この金額は、弁護士の相談料と同じで、人件費として請求できる上限でしょう。ところが、祭壇を含んだ一式料金とすれば、六〇万、一〇〇万、二〇〇万円として、販売できるからです。

そして、祭壇は消耗品ではありません。何度も、繰り返して使用できます。祭壇は、三回も使えばもとが取れる。祭壇に触れる時、少しでも長く使えるようにするために、葬儀社の人間が必ず手袋を着用する。そんなことが、まことしやかにささやかれています。

セット商品のみで、取捨選択の自由は与えられていません

一般的には、セット料金は、単品売りの商品をまとめて売るために価格を割り引いています。そのため、消費者は、自分の好みに合わせ、単品でも買えるようになっています。

しかし、葬儀の場合は、セット料金しかありません。必要と思うもののみを、選ぶことができません。また、単品毎の価格もないので、全体で安くなっているかもわかりません。おかしな話です。葬儀以外で、こんな料金体系になっているのは、水商売くらいかと思います。

自治体では、この不鮮明な一式料金の、明細を表示するように指導しているところもあります。しかし、この仕組みでは、明らかにできるはずはありません。

葬儀は、社会の変化、
人々のニーズに対応するものです

7――昭和の葬儀は、大きな社会変化に対応して進化してきました

戦後、会社が中心の社会となり

戦後、工業化が進み、社会形態が大きく変わりました。地方に住んでいた若者は、家を離れ、都市の会社で働くようになりました。結婚後も、そのまま都市に残り、自分たちだけの家庭を持ちました。彼らは、家近くの人より、会社の人により強く仲間意識を感じ、仕事以外の面でも行動をともにしました。

その結果、従来の大家族や、地域のつながり意識などが崩壊しました。そして、新たに、会社が人々の暮らしの中心となりました。

葬儀も、会社中心に行われるようになりました

そして、昭和の葬儀も、人々の生活が会社中心となるのに合わせて、そのあり方を変えてきました。

一つは、会社関係の人が、遺族との付き合いのために、参列するようになりました。やがて、その範囲が広がり、会社の取引先の人までも、参列するようになりました。会社で席を隣にする、大

事な取引先なので、顔を出しておきたい。そう思うからです。

そのため、故人のためより、遺族のために行われるように、なってきました。そして、葬儀に集まる人の多くは、故人とは面識のない人ばかりとなりました。

そのため、通夜が葬儀のメインになりました

現在では、通夜を終えた翌朝に、葬儀告別式が行われます。会社で働いている人は、通夜なら、定時より多少早く会社を出れば、参列することが可能です。しかし、告別式に参列するとなると、午前中、仕事を休まなければなりません。葬儀に参列するのも、仕事のためであり、仕事の一部です。そのため、仕事に影響のない、通夜に参列することになりました。

その結果、義理や故人との関わりが少ない人は通夜へ、故人と親しかった人のみが、葬儀告別式へ参列するものとなりました。また、通夜には、葬儀告別式の数倍の人が集まり、葬儀の中心となってきました。

人を多く集めることを、競い始めました

故人と関わりのない人まで参列するため、葬儀に集まる人が、多くなってきました。やがて、その人数の多さが、故人や遺族の社会的な地位を誇示する形となりました。中には、上司に忠誠を尽くすために、取引先から花輪や電報を多く集める人も現れました。

また、人が多く集まり始めると、アパートやマンションといった共同住宅では、祭壇を置く場所もなく、人を接待する場所も狭く、近所の人にも迷惑がかかるようになりました。それで、葬儀を

行う専門の式場が誕生し、葬儀は家で行うものでなく、式場で行うものになりました。

同時に、祭壇も、高度成長の波に乗り、消費者のニーズにも合っていたため、どんどん豪華さを増し、頂点を迎えました。


葬儀は、葬儀社に任せざるをえなくなりました

また、戦後までは、葬儀は、隣近所の人に手伝ってもらい、行っていました。しかし、会社中心の生活になり、葬儀を行うにしても、家の近所には、手伝ってくれる親しい人はいません。家族も離れ離れで暮らしています。そのため、葬儀は、葬儀社に任せざるをえなくなりました。

その結果、葬儀は葬儀社が行うものとなり、人々の手から、葬儀との関わりが消えました。

8――明治時代の人々は、葬儀を派手に行いました

何故、「葬儀に参列する」と言うのでしょうか

「葬儀に参列する」と言いますが、参列という言葉に、疑問を感じませんか。言葉通りに解釈すれば、列に加わることになります。しかし、現在の葬儀に列はありません。ただ、昔は、人が死ぬと、遺体を墓場まで、葬列を組んで運んでいました。この名残のように思います。

明治の葬儀は、遺体を運ぶ葬列がメインでした

明治時代の葬儀は、現在と全く異なっていました。遺体を家から焼場や墓場へ運ぶ葬列が、葬儀のメインでした。葬列は、江戸時代にも行われていましたが、夜に、ひっそりと行っていました。それを、昼間に行うようになりました。夜中であれば、立派な葬列を組んでも、誰にも見てもらえない。しかし、昼間であれば、多くの人の目につくので、立派にせざるをえない。こんな因果関係で、どんどん派手になりました。

これも、身分制度から解放された庶民の、当然の行動であったとも思われます。江戸時代では、格法ですべてが縛られ、何でも自由に行うことはできませんでした。

葬列は、豪華さを競うものになりました

柩だけを運ぶのでは、葬列は立派に見えません。人に見られることを意識し、そのため、豪華な葬具を用いたり、花篭や鳥篭を乗せた車を引いたり、高張提燈を掲げ、列を連ねる専門の人を雇ったりしました。中には、看護婦や医者を列に加える人もいました。これらは、自らの富裕や権勢を誇示するために、行われました。そして、どんどん巨大化していきました。

この中で、江戸時代に大名行列を組んでいた、奴さんも葬列に加わりました。彼らの、踊りながら練り歩く技術を活かせる場所が復活したのです。そのため、葬儀社になる駕籠屋も現れました。

見世物化した明治の葬儀

明治で最も大きな葬儀と言われているのが、明治十八年に行われた、三菱の御大、岩崎弥太郎の葬儀です。新聞記事によると、七万人の人を雇ったそうです。また、当時は、葬列に加わった人には、お弁当やお菓子を配りましたが、六万人分が用意されました。

また、大正時代になりますが、最後の大きな葬列と言われたのは、徳川慶喜の葬列です。列の通り道になる家々では、料金をとって、見たい人に、二階を貸していたそうです。それも、二階が一杯になると、屋根まで貸しました。新聞に、そう報じられています。まさに、見世物でした。

警鐘を鳴らす人も生まれました

明治も末期に近づくに連れ、この状況に、警鐘を鳴らす有識者もでてきました。彼らは、葬列を見世物に化したと称し、葬儀本来の心を失っていると批判しました。遺体を、日のある昼間に運ぶ

ことを避け、従来通りに夜陰に乗じるべきと、提言もしました。

そして、一部の人は、質素に、夜間に行いましたが、ごく少数でした。大多数の人は、経済的な負担を嫌がりながらも、葬列を組んでいました。

告別式の走りとなる奇葬祭が行われました

そんな状況の中、明治三十四年に、今では当り前に行われている、告別式が誕生しました。中江兆民の葬儀の時です。兆民は、宗教儀式を行わないようにと、遺言を残していました。そこで、友人の板垣退助が、お別れをしたい多くの人のために、宗教儀式に捕らわれない、簡単なお別れの場を設けました。これが日本で初めての告別式と言われています。

当時の人は、告別式には批判的でした。新聞記事の中には、奇葬祭という言葉も踊りました。

明治の葬儀は、貧者を救っていました

こんな明治時代の葬列は、故人や遺族の権勢の誇示ばかりでなく、貧者を救う一面も持っていました。

誰でも、葬列に加わると、後で、お弁当やお菓子を貰えました。そして、お弁当やお菓子を、買い取る仕組みも生まれたため、それを目当てにする、お弔い稼ぎと呼ばれる人が現れました。彼らは、子供なら聞き出しやすいため、子供を使い葬儀の情報を集め、子供も連れて、列に加わりました。二人分を貰えたからです。

また、大きな葬儀では、多数の日雇いが集められました。このため、定職の無い人や、副業で行っている人には、大きな葬儀が待ち望まれていました。仕事が入ってくるからです。

現在の葬儀の原点は、高知にあった

余談ですが、四国の高知で、高知・ホテル葬研究会という、新しい葬儀を考える運動を行っています。その会のキャッチフレーズを、「日本で初めての告別式は、中江兆民のもの。それを行ったのは、板垣退助。ともに、高知出身者。二十一世紀の新しいお別れも高知から」としています。

また、明治で一番大きな葬儀を行った岩崎弥太郎も、高知出身者です。彼らは、明治維新から国作りに、大きく貢献しましたが、葬儀の面でも、活躍が目立っています。土佐のお国柄によるものなのでしょうか。いずれにしても、面白いものですね。

9——大正時代の人々は、明治の葬儀を続けませんでした

霊柩車の登場が、葬列を廃止に導きました

何事にも、始めがあれば終わりがあります。

明治時代の豪華な葬列も、大正時代に入り衰退し始め、やがて都市部では全く見られなくなりました。様々な理由はありますが、霊柩車の誕生が、最も大きなものです。

東京では、大正四年頃に、初めて登場しました。まだ車の数は少なく、非常に高価な時代です。きっと、多くの人は、金持ちが使用するものと思われるでしょう。しかし、貧乏人のためでした。葬列を組むと、葬具の借り賃、列を組む専門の人の雇い賃、参列者の弁当やお菓子代等がかかります。霊柩車の場合は、霊柩車の借り賃だけで済み、費用が安く済んだためです。

消費者は自らの意思で、新しい方法を選択しました

霊柩車の登場は、葬儀の経済的負担に耐えかねていた消費者には、とても喜ばしいものでした。そして、霊柩車は、瞬く間に、利用する人が増えました。人々が、自らの意思で選択したからです。

しかし、葬儀社にとっては、死活問題でした。葬列が行われないと、商売になりません。葬列用の葬具を抱え、列に加わる人を雇い入れていましたが、その維持も大変です。そのため、彼らは、

消費者に訴えました。葬列を組まないと、故人を弔えない。経済的に苦しい人は仕方ないが、中産階級以上の人は、葬列を組むべきだと。しかし、消費者は、そんな言葉には耳を貸しませんでした。

この結果、多くの葬儀社は、廃業を余儀なくされました。ところが、一部の霊柩車を購入できた大手葬儀社は、忙しくて、休む暇もなかったそうです。

告別式が一般人にも普及し始めました

葬列の衰退とともに、告別式が広がり始めました。新聞には、告別式の日時や場所の案内が、しばしば掲載されました。当初は、名士といわれる人が、多くの人が参列しても平気な場所で、行っていました。やがて、一般庶民の中にも、行う人が出てきました。ところが、参列者はさほど多くないため、自宅で行うようになりました。

明治時代には、通夜や葬儀の時には、他人は家にあがってはいけないものでした。しかし、それに伴い、次第に、遺体を安置している家へ、他人が上がり込むようになります。ここに、現在の祭壇の始まりがあります。身内だけであれば、立派な祭壇は不要です。しかし、他人が来るようになり、体裁を整える必要が生じました。そして、祭壇が徐々に立派になり、現在に至ります。

大隈重信が運ばれたのは、霊柩車ではなかった

ところで、霊柩車には、洋型と宮型の二種類があります。最近では、洋型の人気が高まっています。洋型は、普通の大きな外車タイプです。宮型は、まさに、霊柩車のイメージの車です。避ける人が増えているのは、気味悪いと感じるからでしょうか。

さて、宮型の車に乗っている、屋根か家に見えるものは、何だと思いますか。これは、輿《こし》のようです。江戸時代までは、遺体は、桶のような座棺に入れられ、天秤棒で運ばれていました。ところが、明治になり、身分制から解放された庶民は、高貴な人しか使うことが許されなかった、輿を使うようになっていたからです。

ちなみに、霊柩車が誕生する以前の大隈重信の葬儀では、トラックの上に輿を積んだようです。写真では、現在の霊柩車のように見えます。

葬儀は、歴史とともに変わってきました

葬儀の歴史をひも解くと、思いもよらないことに気がつきます。じつは多くの人が、間違った既成概念に縛られています。それは歴史を見れば、そのことを実感するはずです。葬儀は、時代とともに変わるものです。つまり、歴史を学ぶ意義は既成概念を排除することと、これからの葬儀を考える参考とすることです

次に簡単に葬儀の歴史についてまとめてみました。

歴史から言えることは葬儀は時代により意義や方法も変わる、葬儀は派手になる傾向がある、死が穢《けが》れたものという観念は消えたことです。

葬儀の変遷

・縄文時代	単に穴を掘って埋め始めました
・弥生時代	身分格差が反映し、副葬品を入れ始めました
・古墳時代	墓が巨大化し、殯《もがり》が行われていました
・飛鳥時代	大化薄葬令で葬儀が規制されました
・奈良時代	火葬が始まり、仏教が葬儀に関わり始めました
・平安時代	浄土信仰が高まり、源信等が往生の作法を作りました
・鎌倉時代	武士の間にも仏教の葬儀が普及し始めました
・室町時代	現在の葬儀の原型が作られ、庶民に普及し始めました
・江戸時代	檀家制度が誕生し、誰もが葬儀を始めました
・明治時代	葬列が葬儀の中心となり、巨大化しました
・大正時代	霊柩車が登場し、葬列は衰退しました
・昭和時代	祭壇を飾り、葬儀式と告別式を同時行うようになりました
・平成時代	ホテル葬が行われ始めました

※殯（もがり）…現在の通夜の原型と言われる。古墳時代には、喪屋を建て、死骸を安置し、生きている者のように接し、食事や歌舞伎を供した。天武天皇の殯は、六八六年九月から六八八年十一月まで行われた。

現在、葬儀が変わらないから、
問題が生まれてきています

10――社会は変わっているのに、葬儀は変わっていません

昭和に花開いた葬儀は、人々に満足を与えることができなくなっています

平成に入り、永久に続くと思われていた経済成長も翳《かげ》りを見せ、バブルの崩壊とともに、終焉を迎え、新たな局面に入りました。既に、物質的に豊かになった人々は、あまり物には魅力を感じなくなり、心の満足を求めるようになりました。また、リストラや与えられる役職にも限りが生じ、会社や仕事一辺倒の生き方にも疑問を持ち、生き方の見直しを図る風潮も増えてきました。

このような、考え方や生き方が大きく変わる中で、昭和に花開いた葬儀は、既に役目を終え、下り坂に入り、様々な歪みが生まれてきています。高度成長時代に花開いた、豪華な祭壇を飾り、故人とは縁もゆかりもない人が多く集まる葬儀では、消費者に十分な満足を与えることができなくなってきました。

しかし、葬儀は、従来通りに行われています。その弊害が、多く生まれています。

今では、祭壇を飾り、大勢の人を集めたい人はいません

豪華な祭壇を飾ることは、戦後の貧しい時代には、意味がありました。物の価値が高いので、豪華な祭壇を飾ることで、親族も、参列者も、遺族本人も、立派な葬儀をあげたと、満足することが

できました。しかし、今では、祭壇に価値を見出し、自ら祭壇を飾りたいと思う人は、ほとんどいないと思います。

また、形だけや、虚礼も嫌うようになっています。そのため、ほとんど縁もない人に、葬儀に参列してもらうことを嫌うようになりました。今では、故人と何のゆかりも無い人に、義理で来て欲しくない。身内だけで行いたい。そういう人が増えてきています。以前のように、誰でも構わないから、他の人より大勢の人を集めたい。そう思う人は、少なくなっています。

嫌でも、選択の余地がありません

物の価値が高い時代には、価値が明確でした。そのため、誰もが価値を認めるものを持つことが重要で、同じものを持ち、行うようになりました。しかし、現在では、人の価値観が多様化しています。多くの人は、人と同じことを嫌がり、個性を大事にします。そして、葬儀でも、自分らしさを求める人が増えてきました。

しかし、現在の葬儀は、形式で縛られています。個性的に行うことはできません。遺影と看板が無ければ、誰の葬儀かわからないほど、全く同じです。また、一つの方法しか、用意されていないため、自分らしい葬儀を行いたいと思っても、選択する余地すら与えられていません。そのため、何らかの希望を持つ人は、嫌々、行わざるをえなくなっています。

費用の不満も増えています

複数の調査を見ますと、現在、葬儀に掛かる費用は、平均的には三〇〇万円前後なります。何故、こんな高いのか。多くの人は、こう疑問を持っています。これは、葬儀に、その金額の価値を見出していないからです。価値を認めていれば、納得します。また、自ら望んでいないものなので、余計に高いと思うのでしょう。そして、妥当な金額とは思えないまま、仕方がなく支払っています。

そして、葬儀社にぼろ儲けさせたくない、意味の無い金は使いたくない。そう思うために、ただただ質素に行うことを、希望する人が増えています。

元来、人は、葬儀を派手に行う傾向にあるようです

大化の改新の翌年に、大化の薄葬令という、日本で初めての葬儀を規制する法律が作られました。これは、大型化する古墳作りが、庶民を苦しめるために、天皇や貴族の位により、墓を作る人夫の数や日数、石棺を入れる場所の広さなどを規制したものです。合わせて、殉死や殯《もがり》という儀式も禁止したものです。また、元禄時代にも、商人が葬儀を派手に行ったため、規制する法律ができました。しかし、葬儀を派手に行えという法律は、作られていないようです。

元来、人々は、葬儀を派手に行う傾向にあるようです。但し、葬儀が人に満足を与えていればの話です。現在、葬儀は行わなくても良いと思う風潮があります。このことは、現在の葬儀が、人に満足を与えるものでないことを物語っていると思います。

11――積極的に葬儀を変えようとする人は、誰もいません

葬儀社からは、新しい提案は望めません

戦後、葬儀は葬儀社が行うものとなりました。そして、消費者は、すべてを、葬儀社任せで行うようになりました。そのため、現在の葬儀は、すべて葬儀社の都合で行われています。消費者が何も言わないなら、当然のことです。

この状況では、葬儀社が、自ら新しい方法を提案することはありません。自分たちのやり易い方法で、うまく行っていることを、わざわざ変える必要はありません。ましてや、自らの利益が少なくなるように、作り変えることは、絶対にありません。

行っても小手先の対応だけです

料金が不明瞭、形式的すぎる、祭壇を使いたくない。こんな消費者の声を受け、葬儀社も対応はしています。料金を少し下げたり、パック料金にしたり、花祭壇を用意したりしています。しかし、花祭壇にすると、白木祭壇より割高になります。また、親族だけで葬儀を行いたい人のために、家族葬なるものを用意していますが、従来の葬儀を、少人数用にしただけに過ぎません。

これらは、すべて小手先の対応です。自分たちの利益を守る姿勢からは、抜け出ていません。葬

儀社からは、真の新しい葬儀は絶対に提案されることはありません。現在の葬儀を行うことで、利益を生む体制ができています。それを、自ら壊すはずはありません。

消費者は、全く無知で無関心です

一方、消費者は、葬儀は葬儀社が行うものと思っています。そして、知識もほとんど持たないため、葬儀社に任せざるをえません。そのため、自分が葬儀をあげなければならなくなると、当たり前のように、葬儀社にどのようにしたらよいかを聞きながら、その指示に従っています。

この状況では、消費者の間から、自分たちの希望にあう葬儀を自ら作る動きは、なかなか生まれません。また、多くの人は、一生の間に、父親と母親の、二回の葬儀しかあげることはありませんので、これでは、関心の持ちようもありません。

良い方法があったとしても、新しく行うことは大変です

また、人々に多くの満足を与え、費用も安く、簡単に行える方法ができたとしても、簡単には行うことはできません。新しい方法は、拒絶されるはずです。葬儀は、一生に一度の、人の死に関わる大事な儀式です。従来通りにしなければならない。そう考える人がほとんどです。また、行いたいと思っても、失敗したくない、恥をかきたくないなど、躊躇する人が多いはずです。簡単には、行い方は変えることはできません。

いずれ多くの人が行うことになっても、普及するまでに、時間がかかります。

新しい動きもありますが、
簡単には変わりません

12――ビジネスチャンスとして、新しいスタイルに挑戦が始められています

ホテルで「お別れの会」を行う人が現れ始めました

最近では、ホテル葬という言葉を、よく耳にすると思います。芸能人や大企業の社長などが亡くなると、ホテルで行われている「お別れの会」や「偲ぶ会」のことです。ただ、ホテル葬は、ホテルに遺体を入れて、葬儀をするわけではありません。家族や親しい人のみで、密葬を終えた後に、ホテルで行われます。言わば、遺体の葬儀と告別式を、分けて行うものです。

現在、このホテル葬が、次世代の葬儀スタイルの、一番有力な方法となっています。

新しい宴会商品がないと、ホテルは生き残れません

バブルの崩壊以降、ホテルは、会社や婚礼宴会の減少で苦しめられています。特に、婚礼宴会は、結婚する人口が今後も減り続けるため、お先は真っ暗な状況です。生き残るためには、新しい宴会商品が必要です。そこで目を付けたのが、ホテルで、法要宴会を取り込むことです。これが、ホテル葬と呼ばれるものです。

これから当分の間、死ぬ人は増え続けます。うまく行けば、お客は増え続けることになります。そして、好き嫌いに関わらず、ホテルは、ホテル葬を取り扱わなければならない状況にあります。そして、

平成十三年には、帝国ホテル、京王プラザホテル、赤坂プリンス、東京プリンスホテルなどが、相次いで、積極的な販促を開始しました。

ただこれは、ホテルだけに限るものではありません。婚礼に関わっている企業は、すべて同じ状況にあります。ホテル葬は、ホテルを始めとする婚礼業界から、大きく期待されています。

ホテル葬は、新しい考え方ではありません

ホテル葬は、新しいもののように思えますが、実は、明治時代に戻るだけのことです。明治時代には、通夜や葬儀では、他人を家に上げてはいけませんでした。死はプライベートなものでした。しかし、お別れをしたい人のために、宗教儀式に囚われない簡単なお別れの場として、告別式が行われるようになりました。

ホテル葬は、遺体を囲む葬儀と、お別れしたい人のための告別式を、分けて行う方法です。基本的には、同じ考えにたつと思います。

ホテル葬は、個人の思いで始められました

このホテル葬は、ホテルが作り、提案したものではありません。一部のホテルファンにより、行われ始められたものです。もともと彼らは、一周忌などの法事の食事を、ホテルで行っていました。ただ、それには飽き足らず、お別れも、ホテルで行い始めました。故人が好きだったホテルで行いたい。ジメジメしたお別れは嫌だ。彼らは、それぞれの思いを遂げるために、自ら意思を持ち、行い始めました。

そして、この新しいお別れの方法が、じわじわと広まり始めています。

13――ホテル葬にも、たくさんの課題があります

最初からは、ノウハウはありません

ホテルで結婚式を行うことは、当り前になっています。現在では、そのノウハウや、チャペルや神前式場、写真室などの施設を、持っていないホテルはありません。しかし、そのノウハウや施設も、年月を掛けて培われてきました。

ホテル葬も一般化するまでには、婚礼宴会と同様に、様々な試行錯誤が必要になります。何事も、新しいものを作り上げることは、大変なことです。ましてや、ホテル葬は、人の死に関わるものであり、たくさんの課題を抱えています。

ホテルには遺体を持ち込めません

ホテル葬を行うにも、遺体の処理が必要となり、すべてをホテルで行えるものではありません。ホテルの宴会場に、遺体を入れて葬儀を行ってしまえば、ホテルはホテルでなくなります。高級な葬儀式場になってしまいます。前日に遺体が置かれていた部屋で、結婚式をあげる人はいないでしょう。遺体が置かれている建物内で、宿泊する人もいないでしょう。ホテルに遺体を入れれば、ホテルは、その機能を失ってしまうからです。

遺体の葬儀を、家族だけで、安く済ませなければなりません

ホテル葬は、告別式なので、先に遺体の葬儀を終らせなければなりません。この葬儀を、ふつうに行ってしまうと、ホテル葬は行うことはできません。

ふつうに行えば、来てくれる人は、全員が来てしまいます。そうなれば、後日、ホテル葬を行っても、二度も来てくれるかわかりません。来てもらえても、参列者に、二度も手間をかけます。費用も二倍かかってしまいます。

そのため、遺体の葬儀は、家族と親族だけで、費用も安く済ませなければなりません。

事前に準備しないと、行うことはできません

ホテル葬を行うためには、家族と親族だけで、かつ費用をおさえた葬儀を済ませなければなりません。しかし、そんな葬儀では、儲からないため、葬儀社は受けたがりません。ここに、ホテル葬の最大の課題があります。

ただ、このような葬儀を行ってくれる葬儀社もあります。しかし、臨終を迎えてからでは、探すこともできません。事前に準備して、葬儀社を手配しておかなければなりません。

このため、ホテル葬が広く普及していない現在では、消費者は、事前に準備しない限り、行うことはできません。

強い意識を持たない限り、行うことはできません

ホテル葬は、単なる流行商品ではありません。気に入ったからといって、簡単に行うことはでき

ません。あまり世間体を気にしない人でも、今の状況では、勇気が必要になります。

また、結婚式なら、挙式する二人が合意すれば、どんな方法でも行うことができます。しかし、葬儀の場合は、家族全員の合意がないとできません。自分が行いたいと思っても、家族を説得しなければ、行うことはできません。

本人が、強い意思を持たなければ、行うことはできません。

14――葬儀社も、動かざるをえない、厳しい状況を迎えています

葬儀社も厳しい状況を迎えています

死亡者は、年々増え続けています。そのため、葬儀件数も増えています。これで、葬儀社のビジネスは、安泰のように見えますが、実は、厳しい状況を迎えています。今までのようには、儲からなくなってきている一方で、社員の給料など経費の負担も増えています。さらに、新規に参入してくる葬儀社も多くなり、競争も激化してきているからです。

そして、葬儀社の中でも、勝ち組と負け組みが分かれ始めています。

以前のように儲からなくなっています

現在では、葬儀前の一件当り売上が、落ちてきています。前の年より多くの件数を行わないと、売上を減らすことになります。これは、少子化の影響で、遺族や親族が減り、参列者数が少なくなっているからです。人数が少ないと、利益の大きな祭壇は売れません。また、通夜などの料理や返礼品、香典返しも減ります。料理や香典返しが減れば、業者から受け取るキックバックの手数料も減り、儲けが少なくなります。

加えて、費用が高すぎるという非難を和らげるため、価格を下げざるをえなかったこともあり、

以前のように、儲からなくなっています。

今まで以上の件数を、こなさなければならなくなっています

当初は家族だけで始めた葬儀社も、社員を雇うようになっています。社員を雇っていれば、給料も、年々あげていかなければなりません。利益が減ったからといって、給料を下げるわけにはいきません。また、ある程度の規模になれば、自社で葬儀式場を持っています。建築資金を借りていれば、その返済だけでも大変です。会社を維持していくには、今まで以上の件数をこなさなければなりません。

遺体が買えなくなった

遺体が買えなくなった。こう嘆く、病院に入りこんでいる葬儀社の社長が増えてきました。今までは、病院で人が死ぬと、自動的に連絡を貰い、葬儀を受注していました。そのために、相当の金額を、病院につぎ込んでも、元が取れていました。

しかし、最近では、死んだ連絡を受け、病院に駆けつけても、仕事にならないケースが増えているようです。互助会に入っているなど、すでに葬儀社が決まっているケースが増えているからです。このため、連絡が入ると、空振りになる心配をしながら、病院に駆けつけているそうです。

待っていては商売にならなくなっています

以前は、駅の看板と電話帳に案内を載せておけば、商売ができました。しかし、ここ数年で、相当数の葬儀社が増えてきたため、今までの方法だけでは、商売が成り立たなくなってきています。

この状況下でも、新規に参入してきた葬儀社の中には、明瞭なシステムで低料金の葬儀を扱い、売上を伸ばしているものもいます。一方、このままでは数年後には商売が成り立たなくなると思い、真剣に対応を考え始めている葬儀社もあります。どうやって客を取ったら良いかが、大きな問題になっています。

葬儀社も考え直しを迫られ、新しい動きが生まれています。そして、この動きは、大きくなってきています。

立替代金が焦げ付く危険を犯しても

葬儀社には、それ以外にも、問題が生じています。世知が無い世の中になり、葬儀社も、客を見て商売をしなければならなくなっています。代金が貰えないばかりか、立替金も回収できない事態が発生しています。そのため、支払いが危なそうと思える客には、用心して、押さえ気味に販売をするようです。

喪主は、葬儀社の意向で、すべて終わってから、一括して葬儀代金を葬儀社に支払います。その中には、仕出し料理、葬儀式場の使用料、霊柩車やマイクロバスの料金、返礼品、火葬場の料金などもあります。それらの代金を、葬儀社が立替払いしたもので、客から代金を回収できない場合は、ただ働きになるだけでなく、立替代金は損してしまいます。

それなら、立替を止めればよいのですが、そうもいきません。仕出し料理や、返礼品、葬儀式場の使用料などは、各業者から、葬儀社に手数料が入る仕組みになっているからです。

社員にも余波が、副収入が減ってしまった

また、余談ですが、大変になっているのは、会社ばかりでなく、社員も大変です。以前、葬儀社の中堅社員に聞いた話です。最初に買ったブランド品が、ロープレックスの時計です。それも、入社してから半年過ぎた頃で、お客さんからのチップで買ったそうです。買った理由は、先輩の社員が、皆していたからだそうです。

しかし、今はその頃が、夢の時代だそうです。貰える金額も、大幅に減っているようです。また、最近では、喪主からのチップを、一切受け取らないと明言する葬儀社も増えてきています。そのため、以前から働いていた社員にとっては、給料が減った感じになっています。

そもそも、葬儀の手伝いをして、喪主からチップを貰うのは、明治時代に遡ります。当時は、まだ現在のような葬儀社はありませんでした。仕事が入ると、都度、人が集められていました。ただ、その給金は低かったのですが、喪主から、その倍以上の心付けがもらえたので、いい稼ぎになっていたそうです。

葬儀社のために支払う心付け

ただ、一部の公営の火葬場などを除いて、火葬場の係員や霊柩車の運転手のチップは、無くなりそうにありません。このチップは、葬儀社の社員から手渡しされますが、喪主が負担します。渡す相手や金額も、葬儀社により決められていて、喪主は、葬儀の前にこのことを告げられ、現金を支払うことになります。ちなみに、火葬場でも霊柩車でも、高い料金のものを利用する場合は、その額も高くなるようです。

さて、何のために、心付けを渡すのでしょう。心付けを渡す相手と喪主とは、ほとんど関わりません。すべて、間には、葬儀社に社員が入り、手筈《はず》を整えます。火葬場の受け付けの人とは、会うこともないと思います。それなのに、喪主が支払うことに、疑問に感じませんか。葬儀社の担当者が、自分たちの業務をスムーズに行うために、心付けを渡すなら、自分たちの経費で行うべきものと思いませんか。

必ず、新しいスタイルに変わります

15——今後、葬儀は必ず変わります

何事にも、ライフサイクルがあります

何事にも、ライフサイクルがあります。始めがあれば、終わりがあります。そして、これに逆らうことは出来ません。誕生し、徐々に成長し、やがて華やかな成熟期を迎えたなら、必ず衰退に向かいます。

葬儀も例外ではありません。当初は、社会に受け入れられ広く普及しても、社会が変化し、人々のニーズも変化するため、その求めに応じることができなくなります。

必ず新しい葬儀スタイルが誕生します

昭和の初めに誕生した現在の葬儀も、衰退期に入って久しいと思います。行われなくなるのも、時間の問題です。近い内に必ず、新しい葬儀スタイルに変わります。

これは、間違いありません。人に満足を与えないものが、続くことはありえません。歴史を見れば、明らかです。明治時代に始められた、見世物のような葬列も、大正時代の終わりには、終わっています。初めは非難されていた告別式も、今では当り前に行われています。

結婚式を見れば明らかです

葬儀と同じ、人生で最大の儀式である結婚式を見てください。戦後から現在に至るまで、何度も変貌を遂げています。当初は自宅で行っていたものが、ホテルで行われるようになり、専門の結婚式場も誕生し、今では、レストランや洋館、庭園で行われています。また、最近では、仲人がいない方が一般的で、人前《じんぜん》で式を挙げる人も増えています。

式の目的も、変わっています。娘を他家に嫁がせる意識は、ほとんどないと思います。式をあげる二人が、自らの友人等を集めて、お祝いをするものになっています。儀式より、二人の思いを実現するものになっています。

葬儀が変わっていくことを、一番実感しているのは葬儀社

ある地方での話です。新しい葬儀を考える会の人に呼ばれ、ある葬儀社の社内向けに、これからの葬儀というテーマで、セミナーを行いました。その内容が、新聞に大きく取り上げられました。すると、葬儀社の組合から、その葬儀社に圧力がかかったようです。

半年後、同じ都市で、消費者向けのセミナーを開催することになりました。その案内が新聞に載ると、今度は、「セミナーなら、俺にもできる。わざわざ、東京から講師なんか呼ぶな」と、その会の代表者に、直接、圧力がかかってきました。そして、当日、講演を聴きにきてくれた葬儀社の方の話によると、組合から組合員全員に向け、セミナーの案内記事のコピーが、送られてきたそうです。

何故、こんなに過剰反応するのかと不思議で、その理由を考えてみました。多分、その方は、こ

れから葬儀が大きく変わることを痛切に感じていて、その変化を、少しでも食い止めたかったのではないでしょうか。何故なら、葬儀社の方は、日々消費者と接し、消費者の気持ちを一番良く知っているからこそ、この変化が必至であると、そう感じていたのでしょう。

16——これからの方向性は、はっきりしています

これからの方向は、大きく二つあります

最近の葬儀社のパンフレットやホームページには、〝その人らしく〟とか〝家族だけで〟という言葉が踊っています。実感で、お客様を惹きつけるには、最適な言葉だと思っているからです。しかし、実際には、〝家族だけ〟と言っても、少人数の葬儀のことです。〝その人らしく〟と言っても、従来の葬儀に少しのアレンジを加えたものに過ぎません。

ただ、これから生まれる新しい葬儀は、個人が重要視され、家族中心で行われるものになっていくことは、間違いないと思います。

形式でなく、個人が大切にされていきます

現在ほど、個性に拘り、個人の価値観が大事にされ、多様化している時代はありません。ネクタイや洋服も、多数のデザインや柄があり、自分の好みで選んでいます。そのため、何かの集まりで、同じネクタイをした人や同じ洋服を着た人と一緒になれば、二人とも気まずい思いをすると思います。しかし、葬儀だけは、画一的です。遺影や看板が無ければ、誰の葬儀かわかりません。こんな不合理が続くはずはありません。

また、現在の葬儀は、形式に縛られ、個人が存在するところが全くありません。その形式の意味もわからないために、「形式的過ぎる、形骸化している」という不満を持つ人が多くいます。こんな不満を抱えながら、継続されていくことはないはずです。

関係ない人には来て欲しくない

最近では、葬儀に、多数の人に来て欲しいと思う人は、非常に少ないようです。ほとんどの人は、関係のない人には、来て欲しくないと思っています。相手に、余計な気遣いや、手間をかけたくない。こちらも、気をつかいたくない、面倒と思うからです。

また、高齢化が進むため、葬儀に集まる人の数は減ってきます。リタイアして、数十年も経てば、会社関係者で来る人も無くなります。高齢になれば、社会との付き合いも希薄になります。それに、少子化のため、親戚の数も減っています。

そのため、できれば、家族だけで済ませたい。そう思う人が増えてきています。そうなれば、従来の社会的な繋がりを重視した葬儀が、家族中心のものに変わらざるをえなくなります。

中には、火葬場へ直行する人も

諸事情のため、遺体を病院から火葬場へ運び、葬儀を行わないで火葬する人がいました。最近では、自ら望んで、この方法で行う人も出てきました。熟考の末に葬儀に意味を見出さない、形式に拘らない、後で「お別れの会」を行うなら、この方法も良いと思います。

17 ── 団塊の世代が大きな鍵を握ります

団塊の世代が、親の葬儀を迎えます

団塊の世代の多くは、これから、両親の葬儀を迎えます。一般的には、父親の葬儀をあげ、母親の葬儀をあげます。彼らも、何の知識も持たないまま、葬儀社に言われる通りに行います。それまで全く無関心でも、自分が行う立場になり、否応なしに、葬儀に関わります。この初めての経験を通し、様々な疑問を持ったり、不合理だと思ったりすることがあると思います。中には、失敗したと思う人もいます。

そして、現在の葬儀のあり方に疑問を持った人は、母親の葬儀では、同じことを繰り返したくないと思うはずです。そして、行動する人が、どんどん出てくると思います。

やがて、自分たちの葬儀を迎えます

団塊の世代も、親の葬儀を終えれば、次は、自分たちの葬儀を迎えることになります。それまでは、全く葬儀に関心を持っていなくても、親の葬儀を経験し、葬儀に多少の関心を持ち、自分たちのことも考えるはずです。

この団塊の世代は、親の世代とは、考え方や行動の仕方が、大きく異なっています。画一的な価値観の中でなく、戦後の自由な社会の中で、育っています。親の世代のように、従順ではありません。自我も強く、親の世代よりは自由に考え、行動します。関心を持てば、自分たちの思いを通そうとするはずです。

形式より、個人を中心に行われるようになります

この流れの中で、団塊の世代のニーズに添った、新しい葬儀が生まれてくると思います。親の世代のように、形骸化した意味の無くなったものを、いつまでも踏襲することはありえません。

そして、新しい葬儀は、個人や個人の思いを、大切にしたものになると思います。形式は一つに限られることはなく、人それぞれに、好きなように行うようになるでしょう。

ただ、その数十年後には、その葬儀も時代に合わなくなり、新しい動きが生まれ、終わりを迎えることになります。この繰り返しです。

父親の葬儀で学び、母親の葬儀で直すのでは、お粗末です

これから葬儀を迎える団塊の世代には、両親が元気なうちに、事前に準備をして欲しいと思います。父親の葬儀で失敗してから、母親の葬儀のことを考えるのでは、遅すぎます。父親の葬儀は、やり直しがききません。

葬儀は、自分を育ててくれた親との、最後のお別れです。何も考えないで、他人任せで、おざなりに行って良いものでしょうか。また、終わってしまえば、どうしようもありません。

変えることができるのは、消費者のみです

18——消費者は、自立すべき時です

満足していないものを、繰り返し続けていても良いのでしょうか

平成十一年に、全葬連が行った調査では、葬儀に満足している人は少数派です。行われている葬儀が、適当であると考えている人は、全体の三割に達していません。形式的過ぎる、もっと質素な方が良い、世間体や見栄に拘り過ぎると思うという人が多数を占めています。

この数字が示すように、消費者の多くは、満足してはいません。しかし、それから七年が過ぎていますが、それまでと同じ葬儀を繰り返しています。不思議なことです。

続けている原因は、消費者が何もしないからです

この理由は、簡単です。消費者が、何もしないからです。それ以前に、無関心でもあります。葬儀を、自分たちで満足できるように変えることは、消費者にしかできません。消費者が、意思を持てば、葬儀社が動きます。結婚式を見れば明白です。若い人たちが、自らの希望を持ち、理想やあこがれの結婚式を描いたりするから、自分たちが満足できる結婚式が生まれてきています。

今のままで良いなら、何もすることはありません。ただ、少しでも良くしたい、と思うなら、行動を起こすべきです。その第一歩は、既成概念をとり払うことと、関心を持つことです。そして、

自立してください。

葬儀は、人々のニーズで行われるものです

葬儀は、こうあらねばならない。漠然でしょうが、ほとんどの消費者は、自分なりにイメージを持っていると思います。それは、従来と同じようにすることでしょう。しかし、葬儀は自由です。好きなように、自分のために行えばよいものです。勝手な思い込みは止めてください。

葬儀は、人々のニーズにより行われるものです。社会が変われば、人々のニーズも変わります。そのため、葬儀は、変わるべきものです。このことを知ることが、重要です。既成概念は誤りです。

自立すべ時ではありませんか

親が死んだ時には、葬儀をあげなければなりません。しかし、どのようにしたら良いか、全くわかりません。そのため、葬儀社に尋ね、言われた通りに行っている人ばかりです。ただ、世間体は、非常に気になります。無知で非常識な人間とは、見られたくないと思っています。しかし、勉強して、知識を持とうとはしません。他の人と同じように行えば安心と思い、人と同じように行っています。

これでは、いつになっても、変わりません。葬儀に関しては、永久に、幼稚園の子供以下のレベルから、抜け出せそうにありません。このままで良いのでしょうか。葬儀について、そろそろ、自立すべきとは、思いませんか。そのために、葬儀に関心を持ってください。

19——意思を持って、自らの手で行うべきです

葬儀を行う時には、二つのことが重要になると思います

これからの葬儀を考えると、二つのキーワードがあります。意味を考え、意思を持って行うことと、できることは、自らの手で行うことです。

葬儀は、大切な人との、最後のお別れの時です。故人に感謝する意味でも、意思を持って、自らの手で、行うべきものです。そうは、思いませんか。

何故、葬儀を行うのでしょうか

葬儀は、何のために、行われるのでしょうか。考えたことはありますか。葬儀をあげる時に、何のために行うかを、自問したり、意識したりして行う人は、皆無でしょう。ほとんどの人は、人が死んだから、当り前のこととして、何も考えることもなく、行っていると思います。

ただ、考えてみれば、様々なことが思い浮かぶと思います。故人を偲ぶため、皆で集ってお別れするため、死んだことを知らせるため、遺体を処理するためなど、色々あると思います。意味無く行わないためには、目的を明確に持つことが重要だと思います。

遺体処理だけでは、情けないでしょう

葬儀は、本能で行うものではありません。動物は、行いません。それなのに、ただ遺体の処理のためだけに行うのでは、情けないと思いませんか。

何事も、目的がないなら、行う意味はありません。葬儀では、月給より年収に近いお金を使うのです。自らの意図や意思もなく、なんとなく、世間体を取り繕うためだけに行うなら、行う必要はないと思います。行う意味を考えるべきです。

何故、親の死亡届を、自分たちで出さないのですか

多くの人は、子供が生まれたとき、代わりに頼める人がいても、自分の手で、出生届けを出したいと思うはずです。それが、喜びに感じられるからでしょう。売れっ子の芸能人でさえ、自分達で届に行くようです。

しかし、両親の死亡届を、自分で出したいと思う人はいません。これも、変な話です。子供は、これから自分たちで、面倒を見て行くものです。親は、これまで、自分を育ててくれた人です。本当なら、死亡届こそ、自分の手で、届けるべきものと思いませんか。

葬儀社は、自分たちで死亡届を出したがります

葬儀社は、自分たちで、死亡届けを提出したがっています。そのため、葬儀社のパック料金の中に、死亡届の代行を含めたり、無料サービスとしたりしています。このため、死亡届は、葬儀社が提出するものになっています。

この理由は、死亡届と一緒に、火葬許可申請書を提出し、許可を取っておかなければならないからです。予約を取って火葬場に着いたときに、この火葬許可証がないと、火葬が出来ません。火葬場も混んでいます。予約を取り直し、日を改めなければならなくなります。火葬場の人にも、迷惑をかけることになります。トラブルを避けるためには、自分たちで行った方が、安全だからです。

20――目的によっては、生前葬も検討すべきです

死んでしまっては、お礼は言えません

自分で葬儀の準備する人の多くは、生前にお世話になった方々に、お礼を述べたり、お別れをしたりしたいと思っています。しかし、死んでしまえば、自らお礼を述べることはできません。また、本人が一番長生きしてしまえば、お礼を述べたい相手は、誰もいなくなってしまいます。

この気持ちで葬儀を行いたいと思うなら、本人や仲間が死んでしまう前に、行うしか方法はありません。即ち、生前葬に辿り着くことになります。

高齢になると、会いたい人にも会いづらくなります

ある程度の年齢までは、顔を合わせ、交流する機会が多かった人とも、高齢になるにつれ、疎遠になります。まして病気になってしまっては、動きは取れなくなります。そして、会いたいと思いつつも、なかなか機会がないと、会えないままに年月を過してしまいます。

そのうち、死んだ知らせが届きます。すると、無理を押しても、葬儀には顔を出します。しかし、死んでから駆けつけても、故人にはわかりません。そして、最後に一度、会っておけばよかった。そう後悔します。この思いは、故人も同じです。

こんなふうに思うなら、お互いに喜び合える健康な時に、会っておけば良いはずです。

生前葬を考えても良いはずです

このように考えていきますと、ある程度の年齢になったら、どんな形の集まりであっても、本人が会いたい人と、一同に会する機会を持った方が良いと思います。そうすれば、親しかった方々と、昔話をしたり、それまでの厚誼《こうぎ》のお礼を述べたりできます。頭も明晰で、体力もあれば、非常に有意義な時を過せるはずです。

この機会として、還暦や喜寿などの集まりに、本人の交友関係の方も集めて、生前葬の趣旨を持って行う方法もあります。しばらく入院した方なら、退院した時に、快気祝いの集まりとして行うこともできます。この時、生前葬という名前に拘る必要はありません。

一度だけで終わりにすることもありません

こんな感じの生前葬なら、一度で、最後にする必要もありません。喜寿、米寿、あるいは三年置きに行っても良いはずです。定期的に、継続して行うことにより、生き甲斐にも繋がると思います。そして、生前葬を行ったなら、死んだ時には、家族のみで家族葬を行えば良いのです。こうすれば、死は、家族だけのプライベートなものとして、行えます。

生前葬では、自分が主役となります

生前葬と言えば、ターキーの愛称で人気のあった、水の江滝子さんが有名です。かなり前のことになりますが、芸能界の友人等に囲まれ、行ったそうです。またホテルマンに聞いた話ですが、ある中堅企業の社長が生前葬を行ったそうですが、自分中心のワンマンショーだったそうです。最近、行う人も増え始めている模様です。

葬儀では、故人が主役です。しかし、死んでいるので、何もできません。遺族に任せざるをえません。生前葬の場合は、主役は元気です。また、自ら行おうとしない限り、行われることはありません。そのため、当然のことですが、自分でしたいようにできます。

21――死んでしまったのか、ここまで長生きできたのでしょうか

悲痛な葬儀もあれば、そうでない葬儀もあります

若い人が、事故や急病で死んだ葬儀で、遺族が悲しみで憔悴した様子を見せられては、参列する方も、痛々しい気持ちにさせられます。そして、式場では、話す声の大きさや調子、顔の表情も抑えるなど、気を使ってしまいます。

一方、病気で苦しむことなく、寿命で死んだ長寿者の葬儀では、遺族は、参列者の前で、悲しい顔を見せないこともあります。こんな葬儀では、参列していても、変に気を使うこともなく、気楽な気持ちでいられます。

葬儀の様子も様々です。故人の年齢や、遺族の状況や死因などにより、雰囲気が大きく異なります。皆さんも、何度も葬儀に参列していれば、様々なケースに遭遇していると思います。

死の捕え方で、葬儀の意味も大きく変わります

葬儀も、天寿を全うしたと思える人の場合は、事故や急病などで突然に死んでしまった人や、若くして死んでしまった人の場合とは、分けて考えても良いのではないでしょうか。

相応の年で死んだ人の場合なら、死んでしまったと思うばかりでなく、ここまで長生きできたと

も思うことができます。死の捕え方も、人の考え方次第です。死んでしまったと思えば、残念な思いばかりで、悲しいものでしょう。しかし、十分に生きたと思えば、悲しさばかりではないでしょう。長生きを喜び、感謝する気持ちも生まれると思います。

実際に、年寄りが死ぬと、お赤飯を炊いて、祝う地域もあるようです。禅問答のようですが、死んでしまったのでしょうか、ここまで生きてきたのでしょうか。この死の捕え方しだいで、葬儀の意味も、大きく変わると思います。

発想を変えれば、葬儀のあり方も変わります

長生きしたと思える人の場合は、死の別れのためだけでなく、長生きをお祝いするものとして、行うこともできると思います。この意識を持つなら、葬儀を、湿っぽくじめじめした雰囲気で行う必要はなくなります。

現在では、死は、高齢者のものになっています。正確な数字は把握できていませんが、死亡者に占める高齢者の割合は、八〇%近くあると思います。そろそろ本気で、葬儀は死を悲しむ儀式ではなく、新しい旅立ちを見送る儀式と考えても良いのではないでしょうか。発想を変えれば、葬儀は、明るく、楽しく行うものになるでしょう。

葬儀のことを考えてください

22——何でもいいから、疑問を見つけましょう

葬儀は考えたくないテーマです

どんな結婚式にしようか。結婚の決まった人の多くは、真剣に考えます。熱意や準備にかける時間は、半端ではありません。人から勧められることもなく、強制されるわけでもありません。自ら行います。一方、葬儀については、葬儀を間近に控えていても、ほとんど考える人はいないようです。葬儀は、結婚式と並ぶ人生最大のイベントなのに、その差は大き過ぎて、比べようもありません。

この理由は、明白です。結婚式は幸せの絶頂期に行うもので、考えていても楽しいものです。一方、葬儀は悲しい時に行うものであり、考えていても楽しくありません。結婚式は、一年近くも前から予定が決まりますが、葬儀は突然にやってきます。それに、何と言っても、葬儀は死に関わるもので、出来れば避けたいと思うからでしょう。

しかし、葬儀も大事にすべきです

現在、家族や自分の死期が近づいていないのに考える人は、非常に少ないと思います。人が葬儀について考える時は、必要に迫られた時のみでしょう。その内容は、依頼する葬儀社や費用の分担

考える人は、よほどの変人かも知れません。
など、実務的なことばかりです。何のために、誰のために、葬儀を行うのか。こんな意味について考える人は、よほどの変人かも知れません。

その結果、多くの人は、何も考えることなく、葬儀を行っています。しかし、こんな状況で良いのでしょうか。葬儀は、一生に一度だけのものです。この意味においては、結婚式以上に、大事にすべきです。

何らかの疑問を持ってください

葬儀について考えるためには、何らかの疑問をもつことです。何の関心や知識も持たない人にとっては、葬儀について考えようとしても、何を考えたら良いのか、わからないと思います。費用のことや、斎場のことで構いません。考えるきっかけとして、最初に、何らかの疑問を持つことを勧めます。

疑問があれば、その原因や理由などを、知りたくなると思います。そして、一つの疑問を解決したら、新たに疑問を持ちます。このことを繰り返していくと、知識や情報も増え、おぼろげに葬儀が見えてくると思います。葬儀が見えてくれば、自分の理想が持て、それを実現するために、何らかの行動を起こすようになると思います。

ただ、葬儀に無関心なままで、何の知識や情報も持とうとしないと、疑問すら判りません。始めに、関心を持ってください。

葬儀に関心を持ってみると、どうなるのでしょうか

何でもいいから、関心を持ってみる

⇦

何らかの関心を持つと考えてみる

⇦

考えてみると何らかの、疑問が見えてくる

⇦

疑問を解決したくなると情報を集めはじめる

⇦

・関心もないと、何も考えることはありません

・無関心なままでは、疑問もわかりません

・きっかけがないと、情報を収集することもありません

情報が集まると知識や関心が増えてくる

⇦

知識や関心が増えてくると何となく、葬儀が見えてくる

⇦

葬儀が見えてくると自分の意向が湧いてくる

⇦

意向が湧いてくると準備するようになる

・疑問を解決した後に、新しい疑問を持ち、これを繰り返していくと、知識や関心も大きく膨らんできます

・知識や関心が増えるにつれ、何となく、葬儀が見えてきます

・葬儀が見えてくるにつれ、どのようにしたいか、自分の意向を持つようになります

・自分の意向がはっきりしてくると、そうしたいと思い、準備をするようになります

23――意味が無ければ、行うことはありません

葬儀を考える人がいないと、葬儀は変わりません

長い歴史の中で、葬儀について考えてきた人は、たくさんいます。時代時代に、真剣に考えた人がいたからこそ、葬儀の意義や行い方が変わってきました。本居宣長や尾崎紅葉などは、自分の葬儀について考え、書き残しています。中には、平安時代の横川僧都源信のように、大きな流れを作った人もいます。考える人がいなければ、葬儀が変わることは、ありえなかったと思います。

葬儀は、人の死に関わるもので、意味深いものです。蔑《ないがし》ろに行わないためにも、葬儀の意味を考えてから、行って欲しいと思います。何のために、葬儀を行おうとしているのか。せめて、行う目的くらいは、考えて欲しいと思います。

行う意味が無ければ、行うことはありません

葬儀を行うことに、疑問を感じる人はいません。しかし、行う意味を考えながら行っている人も、ほとんどいません。何を行うにも、行う理由や、求めるものがあるはずです。葬儀にも、様々な役割があります。このことがわかっていないと、十分に満足のいく葬儀を行うことはできないはずです。

また、葬儀に、何の目的も意味も見出さないなら、行うこともありません。一度、行う意味を、考えてみるべきです。ただ、よく考えてみて、行う必要がないと思えば、本当にしなければいいのです。

檀家制度ができるまで、一般庶民の多くは、遺体を棄てていました

誰もが葬儀を行うようになったのは、江戸時代に、檀家制度ができてからです。寺が、自分の檀家を管理するためのようです。それまでは、葬儀を行う経済的な余裕を持ち、自ら望んだ人だけが、行っていました。多くの一般庶民は、死んだら、遺体も放置されていました。

奈良時代、東大寺の大仏を作った行基は、村々を回り、棄てられた死体を集め、弔ってから火葬していました。平安時代には、中国から使節団が来る時には、その道筋の死体を片付けた記録が残っています。鎌倉時代には、市中には、遺体を棄ててはいけないお触れがでました。

葬儀のプロは、こう習っています

葬儀のプロは、葬儀の役割について、次のように考えています。葬儀を行うことにより、五つことを処理できるとしています。誰もが社会の一員であるから、社会的処理として、その死を知らせることができます。時間が経てば、遺体の腐敗が始まります。当然のこととして、遺体の処理ができます。宗教儀礼を行うことにより、霊の処理ができ、死者と遺族の新たな関係作りができ、宗教的、文化的な役割が果たせます。儀式を行うことにより、悲しみ、心の痛みを処理できます。その他、恐怖心、愛惜の念など、様々な感情を緩和することができるそうです。

葬祭ディレクターという、葬儀社で働く人の資格制度の教科書として用いられている、「葬儀概論」（碑文谷創著）に書かれていることです。

ひろさちやさんは、こう言っています

宗教学者として高名で著作も多い、ひろさちやさんは、次のように考えているようです。

葬儀には、三つの役割があります。一つは遺体の処理です。これは、現在では葬儀社の方が行っているので、何の問題もなく処理できています。一つは霊魂の処理です。個人の意見として前置きをしたうえで、即得往生《そくとくおうじょう》（死んだ瞬間に浄土に行くこと）を信じることが大事だそうです。死んだ瞬間に浄土に行ければ、中陰《ちゅういん》の儀式が不要になるからです。そのためには、信仰を持ち、本当の仏教に目覚めることです。一つは、遺族の心の処理です。このために葬儀があり、一番重要な役割であり、僧侶が活躍すべきことのようです。大事な人を亡くし、遺族のみで呆然としている時に、真の仏教の教え、忘れることが大事ですと説いてあげる。この意味で葬式を行って欲しい。そのように、「お葬式をどうするか」という本に書かれています。

24――良い葬儀を行うためには、良い葬儀とは何かを、考えるしかありません

良い葬儀を知ることが大切です

葬儀が無事に終わって良かった。良く聞く言葉です。しかし、良い葬儀だったとは、ほとんど聞くことのない言葉です。これは、良い葬儀をあげたいと、そんな気持ちを持つ人がいないから、仕方ないことでしょう。また、考えようとしても、良い葬儀がわからないから、判断のしようもないのでしょう。

これでは、良い葬儀をあげることは、絶対に不可能です。良い葬儀をあげたい。そう思うなら、良い葬儀を知ることが不可欠です。スポーツの世界では、イメージトレーニングが重要視されています。葬儀も同じです。良い葬儀のイメージが描けない人には、良い葬儀を行うことはできません。

良い葬儀とは何か、考えることが大切です

良い葬儀とは何でしょうか。個々人の価値観、置かれた状況などが異なるために、一概には決められません。理想的には、故人を始め、喪主、遺族、親族等の葬儀を行う人、葬儀に参列する人、葬儀を仕事として行う葬儀社や宗教家など、葬儀に関わる全員に、良いと思われるものになるでしょう。ただ、具体的に規定することは、大変に難しいものです。

このため、考えても、すぐに結論がでるものではありません。しかし、考えることは、非常に重要です。その中から、自分にとって良い葬儀が、見えてくると思います。評論家的に、無理に結論を出す必要はありません。疲れるだけです。

嫌なことがない葬儀が、良い葬儀と考えます

良い葬儀とは何か。何も考えたことの無い人が考えても、何も思いつかないと思います。少し不謹慎ですが、簡単に考える方法として、アラ探しをすることを勧めます。

人は誰でも、良いことよりも、嫌なことを見つける方が、得意なはずです。葬儀に参列した時に、故人、遺族、参列する人にとって、嫌であろう。そう思えることを見つけてください。自分で葬儀をあげる時、誰でも、自分で嫌だと思うことを避けようとするはずです。逆説的ですが、その嫌と思えることがないことが、良い葬儀と考えます。

現在の葬儀は、葬儀社にとっては良い葬儀です

現在の葬儀について、不満を持つ人が増えてきています。これは、すべて葬儀社の都合で行われているからです。葬儀社もビジネスで行っています。消費者に受け入れられることが前提になりますが、自分達の利益を優先するのは当然のことです。簡単にできて、儲かる葬儀が、葬儀社にとっては、良い葬儀のはずです。そして、葬儀社自らは、この現状を変えることはありません。

ただ、消費者から、どんどん要望が出れば、対応せざるを得なくなります。消費者の意向に添わなければ、商売できないからです。

葬儀のことを知りましょう

25——葬儀は、結婚式や成人式と同じ、習俗の一です

葬儀は、行われることの無くならない習俗です

葬儀は、昔から行われている習わし、すなわち習俗です。私達が、祖先から引継ぎ、行うか否かを考えることもしないで、踏襲していることの一つです。結婚式や成人式、お宮参りや七五三等と同じです。それらの儀式は、神社で神主の手によって行われますが、神道を信じているからではありません。

この習俗というものは、時代や社会により変化し、人々のニーズが無くなった時に、消えていくものです。多くの家では、節分の日に豆まきをしていました。しかし現在、豆まきをするのは、芸能人を集めた寺社と、幼稚園児のいる家ばかりです。また、ここ数年の成人式の様子を見ると、近いうちに行われなくなりそうです。結婚式も、自らの意思で行わない人も増えてきています。

しかし、葬儀は特別なものであり、無くなることはないと思います。特に、遺体処理という意味では、葬儀は絶対に無くなることはありません。

基本的には、宗教ではありません

葬儀には、僧侶や牧師等の宗教家が付き物なので、宗教儀式であると思っている人が多いようで

す。しかし、葬儀に宗教は大きく関わっていますが、基本的には、宗教ではありません。

全葬連の調査によれば、日本人の94％は、仏式の葬儀をあげています。その多くは、人が死んだ時には、戒名をつけ、お坊さんにお経を読んで貰います。しかし、仏教を信じているわけではありません。日頃、お寺にお参りすることもなく、お寺に行くのは、葬儀と法要、お墓参りばかりです。

また、仏教に関して言えば、もともとの教義には、葬儀はありません。

仏教の教義に、葬儀はありませんでした

お釈迦様の葬儀の話です。死期が近づいたお釈迦様は、生まれ故郷へ帰るために、旅に出ました。その途中で、お釈迦様は、弟子のアーナンダから、ご自分の葬儀について尋ねられました。その時、お釈迦様は、仏門に入った弟子達には、「修行に専念して、葬儀に手出しするな」と語っています。

『アーナンダよ。お前たちは修行完成者の遺骨の供養（崇拝）にかかずらうな。どうか、お前たちは、正しい目的のために努力せよ。正しい目的を実行せよ。正しい目的に向かって怠らず、勤め、専念しておれ。アーナンダよ。王族の賢者たち、バラモンの賢者たち、資産者の賢者たちで、修行完成者（如来）に対して浄らかな信をいだいている人々がいる。かれらが、修行完成者の遺骨の崇拝をなすであろう。』（「ブッダ最後の旅」岩波文庫）これが、その時の答えです。

26——葬儀には、他の儀式にはない、独特な特性があります

葬儀は、人が死んだ時に行われます

人が生きて行く中で、大きな節々では、様々な儀式が行われます。それは、生まれてきた、健やかに育ってきた、これから自立していく、長生きできたなどを祝い、共に生きていこうとするために行われます。そのため、喜びに包まれます。

しかし、葬儀は、人が死んだ時に行われます。これから、共に生きていくためのものではありません。消えてゆく人との、最後のお別れの場になります。そのため、悲しみに包まれることが多いです。

様々な人生儀式の中で、葬儀だけは、死んだ時に行われます。この特性を考えることが、大切だと思います。当然、他の儀式とは、その意味も行い方も、大きく異なってくるはずです。

主人公は、その場にいることはできません

通常、どんな儀式でも、主人公はその場にいます。新郎と新婦のいない結婚式のように、主人公がいない儀式には、何となく、違和感を感じてしまうと思います。

何と言っても、葬儀の主人公は故人です。主人公は死んでいるため、その場にいることは不可能

です。葬儀では、主人公が不在で行われます。このことは、当り前のことと思われていますが、他の儀式の常識とは、大きく異なっています。

葬儀は、故人が自分で行うことはできません

本人は死んでいるので、自分で葬儀を行うことはできません。そのため、遺族が葬儀を行います。故人に喜ばれるように考えても、本人がそれを見て、本当に喜ぶかは不明です。自分では、絶対に行わない方法かもしれません。

また故人が、生前に自分で計画を立て、準備を整えておいても、その通りに実行してもらえるとは限りません。遺族が、十分に納得して、故人の遺志を尊重しない限りは、不可能です。

葬儀では、遺族全員の合意が必要になります

結婚式の場合、式をあげる二人が望めば、自分達の好きな方法で行うことができます。両親は、その方法が気に入らなくても、本人達のものと思い、我慢してしまいます。親戚の人は、その方法が嫌いでも、口を挟めるとは思いません。また、反対があったとしても、押し切ることができます。

しかし、葬儀の場合は、そう簡単には行きません。遺族全員の合意が必要となります。父親が死んだ場合、その妻、あるいは子供達の一人でも反対すると、なかなか円満には決まりません。これを、強引に押し切って決めてしまうと、その後の兄弟、親子関係が悪くなることが多いようです。場合によっては、父親の兄弟が口を挟むこともあります。

揉めることとしては、行う場所、形式、費用などこと欠くことはありません。遺族全員に、特に意向がなければ、何の問題もなく行われます。しかし、一人でも意向を持つと、それに反対する可能性も生まれ、問題が発生することがあります。

27——死後の恐怖から逃れるために行われ始めました

知能の低い動物は、葬儀をしません

今から数十万年前、人類の祖先であるネアンデルタール人は、人が死ぬと、遺体の側に花を手向けたようです。死者に対し、何らかの気持ちを持ったためでしょう。日本では縄文時代に、人が死ぬと、膝と胸を紐のようなもので縛り、中にはその上に石を置いてから、土に埋めていました。死が死霊の仕業と考えたため、後で動き回って悪さをできないようにするためと推測されています。現在のように、死を理解していなくても、死を認識していたからでしょう。

しかし、動物には、死が認識されないようです。そのため、動物は葬儀をしません。動物学者の観察によると、人間に一番近いチンパンジーなら、訓練すれば葬儀を行う可能性があるようですが、葬儀は人間だけがするものです。これは、知能の差によるものです。

死の恐怖から逃れるために、死後の世界を考えたようです

動物は、数日先のことを考えることはできません。しかし、人間は、先のことを考えながら生きています。当然、自分が死ぬ時のことも考えます。現在のように、死が良く理解されていない古代には、このことは大きな恐怖であったと思います。死んだ後にどうなるか。この恐怖から逃れるために、人間は、死後の世界を考えたようです。死んだ後は、別の世界に行って、新しい生活が始まる。どの民族でも、こう考えたようです。

　時代は進みますが、日本では、死んだ後に行く世界として、黄泉の国が考えられていました。仏教では、死後に行く世界として、極楽浄土と地獄が考えられています。


葬儀は、死後の世界に行くために、行われ始められたようです

　古墳時代には、豪族や天皇は、大きなお墓を作りました。その中には、多くの生活用品ばかりでなく、家来や身の回りの世話をする人も一緒に埋められました。副葬品や殉死です。これらは、死後の世界に行った時も、主人が同じ生活を送れるようにするためです。また、墓内の壁面には、鳥や馬、舟の絵が掛かれていました。これは、死後の世界に行く方法として用意されたと推測されます。

　死後の準備として、ここまでする人が、死んだ時に何もしないはずはありません。当然のこととして、何らかの形で、死後の世界への旅立ちの儀式を行うと考えることができます。これが、葬儀の原点ではないでしょうか。葬儀は、必然性から生まれたものです。

28――葬儀は、死を学ぶ絶好の機会でした

葬儀が人々の手を離れてしまいました

葬儀は、隣近所の人が協力して行うものでした。近所の人が死ぬと、それぞれが役割を分担して、自分たちの手で葬儀を行っていました。そのため、実際に作業をする中で、自然と葬儀のことが身につくので、わざわざ学ぶ必要はありませんでした。そして、実際に遺体を目の前にして、意識することもなく、死について学んでいたはずです。

ところが、戦後になると、近所の人に葬儀を頼むような付き合いがなくなり、葬儀社に頼まざるをえなくなりました。その結果、葬儀は自らの手で行うものでなく、葬儀社に依頼するものとなりました。そして、人々と葬儀との関わりが、大きく失われ、葬儀の行い方を学ぶ必要もなく、知識を持つ人もいなくなりました。

葬儀から、故人の死を悼む要素が大きく失われました

戦後、人々の生活は、会社が中心となりました。そのため、葬儀には、故人に会ったこともない、遺族の会社関係の人が、多く集まるようになりました。会社での人間関係を維持するために、顔を出すことが、重要となったからです。そして、葬儀での遺族の主な仕事は、わざわざ義理を果たし

に来てくれる人の、応対となってしまいました。これでは、人の死を理由に人が集まりますが、故人の死を悼む要素が大きく失われました。

死も一瞬のものになってきました

葬儀の短縮化も進みました。核家族化が進み、地方と都市に別れて住んでいる人は、親が亡くなると実家へ帰り、葬儀が終るとトンボ帰りします。その往復の手間を省くために、精進落としと初七日を同時に行うようにもなりました。そして、死が瞬間のものとなりました。

また、故人が死んだ喪失感も薄れました。親と一緒に住んでいれば、しばらくの間は、日常生活の中で、親が居なくなった喪失感に付きまとわれます。しかし、別居していれば、葬儀が終ると、直ぐにふだんの生活に戻ってしまいます。祖父母と年に数回しか会わない小さな子供にとっては、祖父母が亡くなったことを、感じる機会はほとんどないと思います。

葬儀は、死を学ぶ絶好の機会です

葬儀は、人が死んだ時に行われます。当然、遺体も目の前にします。葬儀は、死を実感し、死を学ぶ絶好の機会です。しかし、現状のような関わりでは、死について、考える時間すら持てなくなっています。また、一瞬のできごとで終わってしまいます。そして、死や葬儀が、日常生活のものでなくなり、テレビドラマのような、仮想のものになりつつあるようです。

これは、大きな問題だと思います。この意味でも、葬儀について、考えてみるべきです。

準備はすべきです

29――失敗したくないなら、準備すべきです

人は準備するものです

多くの人は、旅行に行く時には、準備をします。ガイドブックを買い込んで、見て回るルートを決めたり、食事するレストランを決めたりします。これは、限られた時間内で、旅行をより充実し、十分に楽しみたいと思うからです。また、パソコンや大型テレビなどの新商品を購入する時には、数種類の商品の性能や価格などを調べるはずです。家を買う時には、支払いができるかも十分に検討するはずです。失敗をしたくないと思うからです。

人は、生活のあらゆる場所で、様々な準備をしています。そもそも準備とは、自然にとる行動です。

しかし、葬儀の準備をする人はほとんどいません

しかし、葬儀の準備をする人は、ほとんど見かけません。この風潮を作ったのは、葬儀社です。戦後、葬儀社のサービスはどんどん進化し、喪主や手伝いの人間は、何も行うことがなくなりました。また、病院で臨終を迎えると、葬儀社から声をかけてくるので、葬儀社の名前や電話番号を調べておく必要もなくなりました。そのため、消費者は何も準備しなくても、葬儀を行うことができ

るようになり、準備をすることもなくなりました。
また、葬儀の準備は行いづらいものです。死に関わるもので、縁起が悪い。死は突然にやってくるので、準備する時間が持てない。自分で準備しようにも、死んだ後のことはどうしようもない。そう考えると、簡単には準備できないと思います。

準備しなくても、失敗しなければ問題はありません

何の知識も持たないまま、葬儀社に任せきりで葬儀を行っても、失敗しなければ問題はありません。ただ、失敗がないとは限りません。平成十三年に、雑誌の『経済界』とウイリングセンターが行ったアンケートでは、家族の葬儀をあげた人の三人に一人は、困った経験があると回答しています。
葬儀は、一生に一度の、人生最大のイベントです。やり直しが効かないものです。旅行や買物とは比較できないほど重要な問題です。失敗したくないと思うのであれば、事前に情報を収集するなど、準備を開始すべきです。

未知のことを行うのに、不安ではないですか

よほどの強い心臓の持ち主か、無頓着な人でない限り、何の知識も持たないまま、未経験のことを行うことには、不安を感じるはずです。葬儀を行う人の多くは、不安を抱えていると思います。悲しみにくれていて、不安を感じるどころではないかも知れません。ただ、不安を感じそうと思う人は、準備すべきです。少しでも知識を身に付けておけば、そんな不安も解消するはずです。

主人に相談しても、取り合ってもらえない

一般的に、女性の方が、葬儀に関心が高いようです。これは、旦那が先に死ぬため、旦那の葬儀をあげなければならないという、必然性からのようです。また、自分の葬儀で、子供たちには面倒をかけたくないという思いもあります。実際に、私のセミナーに参加される方も、七割程度が女性です。

ある時、「葬儀のことが心配で、主人に相談しても、任せるから好きにしてと、取り合ってもらえない」と、相談を受けたことがあります。男性は、普段の生活通り、何でも、奥様に任せきる傾向にあるようです。

30——取り返しがつかない失敗があります

葬儀の失敗は、葬儀以外のところにあります

葬儀に失敗したという声を多く聞きます。しかし、葬儀のプロの葬儀社に、すべてを任せているので、葬儀に失敗することはないはずです。仮に、葬儀社が通夜や告別式の進行を間違えたり、祭壇の飾り方を間違えたりしても、それがわかる人はいないと思います。

実は、葬儀の失敗とは、実際の葬儀以外のところにあります。それも、仕方ないと済ませてしまえるものと、後々まで尾を引き、なかなか取り返しのつかないものがあります。

例えば、頼んだ葬儀社が良くなかった。予想より多くの人が集まり、式場が狭すぎて、参列者に迷惑をかけてしまった。逆に、人数が少なすぎて、寂しい感じになってしまった。こうしたことはその時は問題でも、終わってしまえば、何の問題もありません。

しかし、費用と精神面のことで失敗してしまうと、大きな影響が残ってしまいます。

費用がかかり過ぎてしまった

大切な家族が臨終を迎えた時に、葬儀のことを決めることになります。大きな精神的なショックを受けている最中に、通常の思考は難しいはずです。それも、初めて経験することでは、なお更の

ことです。葬儀一式料金となっているパッケージ商品には、別途、それ以外の様々な実費が必要となります。このことを知っていないと、後で、とんでもないことになります。一〇〇万円で済むと思っていたが、実際の請求書を見ると、三〇〇万円になっていた。良く耳にする話です。

しかし、愕然としていても、使ってしまった費用は支払わざるをえません。この予定外の支出が、自分の老後資金や、子供の教育資金等に影響することになるかもしれません。

故人に何もしてあげなかったと、後悔してしまうと大変です

葬儀の間は、すべてのことを葬儀社が行ってくれるので、自分たちは、何もする必要はありません。しかし、葬儀が終わって、一息ついた時に、自分の手で、何もしてあげなかったと思い、急に後悔する人もいます。この失敗が、失敗の中でも、最大のものと思います。

特に高齢者の場合は、大変です。アメリカの研究者によると、高齢者に与えるストレスの最大のものは、配偶者との死別のようです。こんな精神状態の時に、その後悔の念が生まれてしまうと、一大事です。大事な伴侶だったのに、最期には、自分の手で、何もしてあげなかった。一度そう思い始めてしまうと、何度も繰り返し考え、その度に後悔を繰り返してしまうことになりかねません。そうなると、いつの間にか、体調にまで影響が及んでしまいます。また、そんなことばかり考えていると、なかなか新しい生活に、歩き始めることもできなくなってしまいます。

31——準備すると、たくさんの効果を期待できます

効果はたくさんあります

葬儀は、ほんの少し準備するだけでも、たくさんの効果を期待できます。準備をすることにより、葬儀をあげる時に、慌てたり、困ったりすることが無くなります。同時に、失敗を防ぐこともできます。その他にも、遺族を守ったり、死を受け入れたり、人生を見つめ直したりすることができます。

また、事前から準備することで、「出来る限りのことをして送ってあげた」という満足感をうることもできます。大事な人なのに、最後は、自分の手で、何もしてあげなかった。葬儀の失敗の中で一番厄介な、この後悔の念も、防ぐことができます。

遺族を守ることができます

葬儀は、一人で決めることはできません。遺族全員の合意が必要になります。子供の頃は仲が良くても、大人になって何でも反発しあう兄弟もいます。仲が良くても、お互いの考え方、置かれた状況の違いにより、なかなか意見が一致しないこともあります。まして、費用のかけ方やその負担方法など、金銭が絡みますと、問題は大きくなります。ここで、揉めて拗れてしまうと、親子、兄

弟の関係が途切れることにもなりかねません。

もし、本人が、事前に具体的に決めておき、費用の手当てもしておけば、遺族の争いを防ぐこともできます。葬儀の準備をすることで、結局は、家族を守ることになります。

死を受け入れることができます

準備を行うことにより、意識しなくても、心のケアが行われます。葬儀の準備は、死を迎える準備にもなりますす。葬儀は、家族や自分が死ぬことが前提となりますので、知らないうちに、死を覚悟することになります。このことが重要です。

何と言っても、大切な人の死は、精神的に大きな衝撃です。突然に死を迎えるより、死を受け入れ易くなりますし、ショックも和らぎます。

その人の人生を見直すことになります

葬儀の準備は、その人の最後を考えることです。そのため、当然のこととして、その人の人生について、見直すことになります。この中から、それからの生き方や接し方について、様々なヒントを見出すことができます。遺り残してきたことがあると思えば、それを、それからの人生の目標として、行うこともできます。今まで知らなかった家族の希望などを知ったら、応援してあげることもできます。

このように、葬儀の準備は、それからの人生を、より充実したものにするきっかけにもなります。

葬儀の準備の効果

何事でも、準備を行うと、様々な効果が得られます

葬儀の場合は、どんな効果が得られるのでしょうか?

◇ご自分の場合

　費用を抑えることができます

　遺族の争いを防ぐことができます

　遺族に手間をかけません

　自分らしい葬儀ができます

　参列者に喜んでもらえます

　死を受容できます

　自分の人生を見直すことができます

◇ご家族の場合

　無駄な費用をかけずに済みます

　後悔や失敗を防ぐことができます

　葬儀の時に困りません

　故人らしい葬儀ができます

参列者に喜んでもらえます
死を受容できます
故人の人生を見直すことができます

事前に準備しないと、こうした効果を得ることはできません。

思い立った時が、始め時です

32——何のために準備するのか、目的を明確にします

役に立つ準備をするには、具体的なことを決めておきます

互助会に入っている。葬儀費用にあてるために、生命保険に入っている。葬儀費用のために、定期貯金を分けている。それだけでは、葬儀の準備をしているとは言えません。実際には、葬儀の内容が決まらないと、総費用は決まりません。総費用が決まらなければ、いくら用意したらよいかは、決まらないからです。

実際に役に立つ準備をするには、具体的なことを決めておかなければなりません。最低でも、かける費用が決まっていないと、何にもなりません。そして、費用を決めるためには、何人くらいで、どんな内容にするかを決めなければなりません。また、それを受けてくれる葬儀社も手配しておかないと、その通りにはできません。

漠然と思うだけでは、準備できません

本気で、そろそろ準備をしようと思っても、なかなか準備することはできません。ただ漠然と思うだけでは、何をしたら良いかわからないからです。準備を始めようと思うなら、始めに、何のために準備をするのかを、考えてください。準備する理由、目的を明確にすることが重要です。これ

が決まれば、準備する内容も見えてきます。

理由や目的は、何でも構いません。準備する人が、置かれた状況や気持ちで、異なるはずです。ただ、目的が抽象的であると、何をしたら良いかも不鮮明になってしまいます。具体的に決めてください。例えば、充実した葬儀にしたいと思っても、何をするかわからないと思います。この場合、参列者全員で、故人を偲ぶことが出来たと思える葬儀にする。故人がその場に居たように思える葬儀にする。このように考えれば、行動は見えてくるはずです。

目的が決まれば、それに従うだけです

目的はいくつ持っても構いません。葬儀は、様々な目的で行われますので、一つに絞る必要はありません。しかし、多ければ多いほど、準備も多くなるだけです。

そして、目的が決まれば、それに添って準備するだけです。何をしたら良いかが、明確になるはずです。家族に迷惑をかけないことを目的とするなら、依頼する葬儀社、実施する葬儀内容、費用などを決め、その費用を用意することになります。その人らしく送ることを目的とするなら、個性を表現する方法を調べ、どのように行うかを決めます。そして、個人紹介のＶＴＲを作るなら、その製作にかかることになります。

準備している人はいるのでしょうか

◇自分の葬儀の場合

・準備していない　六四・八%
・準備している　三四・四%
―生命保険を費用にあてる予定にしている　四七・〇%
―葬儀の費用を貯金している　四〇・七%
―家族に自分の葬儀について話している　四〇・五%
―連絡先を決めている　三一・二%
―互助会に入っている　二九・二%
―もしもの時に葬儀を託す人を決めている　二七・三%

◇家族の葬儀の場合

・準備していない　六三・八%
・準備している　三三・九%
―葬儀の費用を貯金している　五一・一%
―互助会に入っている　四四・三%
―連絡先を決めている　二七・九%
―葬儀の段取りを決めている　一一・四%

（葬儀にかかわる費用等調査報告書　東京都生活文化局　平成十四年三月）

33——思い立った時が、最適なタイミングです

葬儀は、予定日が決まりません

人が葬儀を準備できない理由の一つに、そのタイミングが難しいことがあげられます。葬儀は、いつ必要になるか、その予定が決められないからです。人は、誰も死ぬとは思っています。しかし、自分や自分の家族は、すぐには死なないと思っています。そのため、必要性を感じていても、実際に行動を起こす気にはなれません。誰でも、いつになるかわからないことの準備をする気になれないことは、当然のことでしょう。これが、一年前から、葬儀の日程か決まるのであれば、準備する人は増えると思います。

病院に入院してからでは遅すぎます

準備するにしても、医者から通告されてからでは遅すぎます。準備にかける時間も短く、葬儀社の手配をするだけになります。精神的なゆとりもなく、どんな葬儀にするかを考えることもできません。長い間介護を続けてきた人には、最期を考えることをはばかり、準備できない人もいます。そうかと言って、病院に入院した途端に、準備を始めることもできません。まだ、死ぬとは決まっていません。しかし、この状態で準備を始めたことを、本人が知れば、治る見込みがないと思わ

れてしまいます。治る見込みはなく、死期を宣言されたとしても、なかなか素直に準備に掛かれるものではありません。

また、自分で準備しようと思っても、動きも取れるわけもなく、全く不可能です。

葬儀を準備するには、病院に入院してからでは、遅すぎます。

誰も勧めてはくれません

親の葬儀で大きな失敗をして、他の人も同じ失敗をしないように、親切心で教えてあげようと思っても、入院中の親を抱えた人には、言いにくいものです。その人の親が死ぬと言っているように、思われかねないからです。善意で勧めても、嫌な感情を持たれると思えば、言えないものです。このため、葬儀の準備を勧めてくれる人はいないはずです。自分から考えて、行うしか方法はありません。

健康な時でないと、できません

葬儀の準備は、健康なうちに行うしかありません。親も死にそうでなく、ピンピンしている時であれば、葬儀の話をしても、そんなに嫌な感情を持たれることもないと思います。自分で準備するにしても、体が動くばかりでなく、頭も聡明なうちでしかできないからです。

しかし、葬儀の準備に適したタイミングというのはありません。ただ、自分でしようと思わない限りは、行えません。従って、思った時しか行う時はないはずです。

あんたの葬儀はどうするの

ある程度の年配になったり、葬儀を迎えそうな人を抱えたりすると、葬儀の話をする機会を持つと思います。しかし、なかなか踏み込んで、話をすることは少ないようです。それなりに準備をするには、真剣に話さなければなりません。ただ、そのきっかけが持てません。それで、お勧めしている方法があります。

夕食の時にでも、まじめな顔で、「あんたの葬儀、どうするの」と、突然言ってみてください。話をする、最適な時はありません。だから、ショックを与えることが、一番かと思います。また、その時の、相手の顔を見ていると、面白いものです。但し、相手が健康な時に限ります。

準備のポイント

葬儀は、準備するにしても、予定が未定です。行うタイミングが大切です
失敗しないためには、何に注意して、準備したら良いのでしょうか

○タイミングを考えます

・本人が行うにしても、家族の準備を行うにしても、入院してからでは行いづらいものです。健康な時に始めるしかありません
・特に行うべき日はありません。ただ、きっかけがないと始められないものです。また、思い立たないと、始めることもできません。従って、思い立った時に行うしかありません

○準備の目的を明確にしてから始めます

・その人らしく行いたい、費用を安く済ませたい、いざという時に慌てないようにしたいなど、何のために準備をしたいのか、自分で、目的を明確にしておきます
・こうすることにより、無駄なく、適切な準備ができます

○書類にしておきます

・準備した内容を、家族や葬儀社の人に、伝える必要があります。そのために、書類にしておきます。人に伝えることが出来なければ、何の役にも立ちません

・実際に紙に書くなど、書類にすることで、自分の考えが整理できたり、検証できたりします

○準備には三段階があります

・事前準備……健康な内に、概要を決めておきます

・更新管理……毎年、お正月や誕生日などに、定期的に見直しておきます
準備してから実施するまでに期間があるので、見直しをしておかないと、役に立たなくなります

・本準備……いざという時になったら、事前準備に則り、準備を開始します

いざという日は、いつ来るかわかりません。事前に準備しておかないと、いざという時に、間に合いません。

失敗しないための手順です

34——どんな葬儀にしたいかを決めます

どんな葬儀にしたいですか

どんな葬儀にしようか。始めに、このことを考えます。現在では、こんなこと考える人はほとんどいませんが、これでは、自分で望む葬儀はできません。自分の希望や意向を持たない人は、何もすることもありませんし、何もできないはずです。

そして、知識や情報をほとんど持たないと、どう考えて良いかもわかりません。自分が何をしたいか。このテーマを考える材料として、最初に、情報を集めます。

情報集めで、すべてが決まります

この情報集めが、準備の中でも、最も重要になります。集めた情報しだいで、すべてが決まってしまうからです。少しの情報しか持っていないと、その中から選ぶしかありません。誤ったり、偏ったりする情報ばかりでは、誤った判断を下すことになります。そのため、幅広く、質の高い情報を集めることが、大切です。葬儀を終えた後に、もっと良い方法を知っても、どうしようもありません。後悔するだけです。

しかし、ありとあらゆる情報を集める必要はありません。そんなことをしたら大変です。準備する時に決めておいた目的に添って、ある程度の範囲を絞って下さい。ただ、依頼する葬儀社、費用に関しては、必ず行って下さい。後は、必要に応じて行います。

いろいろな方法で、情報を集めてください

情報は、本を買ったり、セミナーに参加したり、インターネットで探したり、人に聞いたり、様々な方法で集めて下さい。自分で意識していれば、案外あるものです。従来行われている葬儀に関する情報は、簡単に集めることができます。しかし、あまり行われていない方法や、新しいものについては、少ししか出回っていないので、苦労するかもしれません。

葬儀社のパンフレットは、必ず集めます

葬儀社のパンフレットは、必ず集めて下さい。無料で手にできますし、実際に掛かる費用など、実態を知るのに、一番効果的です。葬儀社の中には、分かり易く、立派なものも用意されています。但し、数社のものを集め、見比べることが大切です。

いずれにしても、依頼する葬儀社を決めなければなりません。その時のためにもなります。但し、葬儀社のパンフレットは、自分達の商品を売りたいために用意されていることを、念頭に置いて下さい。

意向は変わりやすいものです

情報が増えるにつれ、意向が変わることが多いと思います。これは、当然です。当初、思ってい

たことと、その方向が変わることに、違和感を持たないようにして下さい。また、何のために葬儀をするかという、原点からも離れないで下さい。

例えば、費用を安くする目的で準備を始めたとします。一番安く済ませるには、遺体を病院から搬送車で火葬場へ運び、誰も呼ばないで火葬にする方法があります。これでは、安く済ませる目的には合っていますが、葬儀をする心とは、遠いものになると思います。本末転倒しないようにして下さい。

消費者の希望

◇自分の葬儀は

・希望様式について

―形式にとらわれないで行ってほしい　四六・六%
―伝統的な方法で行ってほしい　一九・〇%
―考えたことがない　一六・四%
―お葬式はやってほしくない　九・一%

・葬儀の規模について

―親しい人とこぢんまりとしてほしい　五九・一%
―行って欲しくない（家族だけで埋葬）　一三・八%

—多少のお金はかかっても人並みに　一二・六％
—考えたことがない　八・九％
—お金をかけても立派にしてほしい　〇・三％

◇家族の葬儀は
・行う場合の考え
—故人の遺志を反映したものにしたい　六九・三％
—人並みに行えればよい　一七・〇％
—遺族の気の済むようにしたい　一〇・七％
・葬儀の規模について
—親しい人とこぢんまりと行いたい　五一・〇％
—お金はかかっても人並みに行いたい　四〇・九％
—お金をかけても立派に行いたい　〇・五％

（葬儀にかかわる費用等調査報告書　東京都生活文化局　平成十四年三月）

35 ―― 意向を具体化し、計画を作成します

意向を具体化します

意向が決まりましたら、それを、具体化していきます。どの範囲の人に来て貰うか。いくらまで費用をかけるか。どんな式にしようか。そして、どの葬儀社に依頼しようか。それらを決めておきます。

また、その人らしい葬儀にしたい人は、その方法を検討しておきます。本人のお別れの言葉を用意する。あるいは、映像や写真で故人を紹介するなら、事前に作っておかなければなりません。

決めたことを、紙に書いて下さい

そして、決めた内容を、紙に書くなり、書面にして下さい。こうしないと、それまでの苦労は水の泡になってしまいます。頭の中で思っているだけでは、人に伝えることができません。すべてを、自分一人で行うわけではありません。家族や、葬儀社に、伝えなければなりません。

また、一生懸命に考えている時には、何から何まで、頭の中にあると思います。しかし、すぐに葬儀を行わないと、細かなことは、忘れてしまう危険があります。

理由は、それだけでもありません。考えていることを文字にすることにより、それまで気がつか

なかった不都合なことが、見えてくることもあります。頭の整理もできます。

誰にでも、分かるようにしておきます

紙に書く時には、他の人が見て、内容が理解できるように、注意してください。人に、自分が考えている通りに理解されないと、考えた通りにしてもらえません。また、意味を理解しづらいことや、実際と間違って理解して作られていると、行う人は、作った人に確認しなければなりません。本人が準備する場合、死んでしまっては、誰も確認ができません。葬儀社等が見て、そのまま実施できるように、細かな内容まで、決められていれば、理想的です。

市販の準備書を活用する方法もあります

しかし、一般消費者が、そこまでの計画書を作ることは、大変に苦労するかも知れません。簡単に、間違いなく行うためには、市販の準備書を利用する方法もあります。最近では、誰でも間違いなく、簡単に計画が作れる仕様書的なものも用意されています。

面倒でなかなか作れない、完璧を期したい、自分では無理と思う人は、消費者サイドにたったコンサルタントに依頼する方法もあります。

意向を見直すことも大切なことです

計画を作っている中で、当初の思惑と違うことが、間々出てきます。思ったより費用がかかり過ぎる。実際に行うには大変過ぎそう。そんな風に思えるようでしたら、躊躇しないで、意向を見直

してください。漠然と思っていた時には、良いと思えたことも、実際には難しいとか、大変と思うことも多いです。

無理に最初の意向にこだわり過ぎますと、良い結果は生まれないことが多いようです。

準備に終わりはありません

苦労したけど、やっと、計画書を完成させた。そう思っても、すべてが終了する訳ではありません。一年に一回程度、定期的に内容を見直す必要があります。これを怠ると、準備が無駄になるばかりでなく、失敗を招く事態にもなります。多くの場合、準備が終了してから、実際に葬儀を行うまで、かなりの年月がかかります。その間には、諸事情が変わります。それに対応しないと、計画が古くなり、役に立たないものになります。

例えば、参列者のリストを用意しておいても、自分が一番長生きすると、自分の葬儀に来て欲しかった人は、誰もいなくなります。また、ここ数年は、年々、葬儀のやり方も、大きく変ると思います。その中には、自分の希望する様式が生まれてくる可能性もあります。

この見直しを、その人の誕生日やお正月に行うと、人生のチェックをすることになります。

36——環境を整えておきます

家族に反対されると、思い通りにはできません

自分で葬儀のやり方を言い残したとしても、家族に反対されることもあります。反対されれば、その通り行ってもらえるとは限りません。家族の意見が違った時は、どうなるかはわかりません。自分で意向を決めただけでは、その通りにはできないものです。自分で準備する場合は、誰かに頼まなければなりません。家族がいれば、全員の同意が必要です。

そのため、計画通りに行える環境を、用意しておくことが必要になります。葬儀は、一人ではできません。

家族に話してください

計画が決まったら、家族に話して、承認を貰ってください。反対されたら、説明して理解を求めて下さい。そして、どうしても納得して貰えない時は、後々のことを考えると、内容を変えた方が無難です。

本人が計画した場合は、さほど問題はありません。本人が希望するなら仕方ないと、頑なな反対も少ないはずです。しかし、家族が計画したものを、他の家族に反対されると、問題は大きいです。

双方に意向がありますと、なかなか妥協点を見い出しずらいものです。そして、葬儀を行う前までに、結論を出しておかないと、大変なことになります。
また、今では一般的ではありませんが、家族が計画したなら、本人にも話してみるべきでしょう。本人が嫌がるかもしれません。

他人を呼ばないで行うなら、挨拶状を送付します

他人を呼ばないで、家族だけで行いたいなら、葬儀を済ませた後に案内を送付するようにしておかないと、大変なことになりかねません。後で、故人の死を知った人が、線香を上げさせてくれと、家まで訪ねてくることもあります。また、何故知らせてくれなかった、そう言われることもあります。人数が多いと、その応対も大変です。また、それでは、生前にお付き合いいただいた方に対して、失礼にもなります。
この対応としては、葬儀を終えたすぐ後に、生前の感謝とお別れの挨拶の手紙を、広く送る手配をしておくべきです。

一般的でない形式で行うなら、事前に、周囲の人に話しておきます

招待制にしたホテル葬など、現在では一般的でない方法で行う。また、故人の社会的地位と、かけ離れた質素な葬儀にする。そんな時には、そのやり方が気に入らない人は、好き勝手なことを言い、非難し易いものです。事前に、ある程度の人には、話しておいた方が無難です。ただ、陰口をたたかれても、気にしないなら、何もしなくてもよいでしょう。

特に、本人が準備する時には、家族を守るためにも、近しい周囲の人に、話しておくべきです。
本人の遺志となれば、納得するはずです。

事前準備の方法

実際に準備するにしても、方法がわからないと、始められません。
何を、どのように行えば良いのでしょうか?

情報を収集する

・何もわからないと、何もできません。どんな方法があり、どんな事ができるかを知ることが大切です
・葬儀の仕組みや費用、業者の情報だけは、必ず知っておきます

↓

意向を決める

・集めた情報をもとに、目的、予算、形式、演出など、どんな葬儀にしたいかを決めます

↓

計画を作成する

・意向を実現するために、計画を作成します
・作成した計画は、他の人にわかるようにしておくことが必要です

家族の承認をうる

・葬儀は自分ではできません。また、家族の意向もあります。計画を作成したら、家族の承認をうけておきます

準備や手配をする

・家族に了承してもらえたら、会場や依頼先の候補、費用手配など、ある程度まで準備しておきます

環境を整備する

・型通りでない葬儀を行うなら、家族を守るためにも、事前に、親族や友人にも、その趣旨を伝えておきます

手順に則り合理的に行わないと、時間も掛かるし、失敗する可能性もあります。

実際に準備してみましょう

37 ―― 積極的に取り組むなら

何のために、葬儀を行いますか

何のために、葬儀を行いますか。最初に、目的を考えてください。最後に感謝の気持ちを表したい。皆で盛大に見送ってあげたい。皆にお礼を言いたい。最後に、人生を振り返りたい。考えれば、様々な理由が思い浮かぶはずです。自分のために、親のため、準備する立場によっても異なります。目的は、一つに絞る必要もありませんが、優先順位をつけて、二つ程度に絞ります。さもないと、とりとめが無くなります。そして、目的が決まったら、それに添って、葬儀を作っていきます。

タイトルをつけてみませんか

葬儀の目的を組み込んだタイトルを付ければ、参列する人も、どんな趣旨で行われるかを、わかってもらえます。例えば、「最後に、皆様にお礼をいう会」であれば、本人が皆にお礼をいいたいのだと分ってもらえます。

葬儀にも、タイトルを付けたら良いと思います。今、葬儀にタイトルがないのは、目的もないから、そんな発想がなかったのでしょう。そのため、葬儀式場には、「○○儀葬儀告別式」という看板だけが並びます。

どんな雰囲気にしますか

突然、事故で死んだり、若いのに病気で死んだりした場合、参列者も無念な気持ちになると思います。しかし八十歳も過ぎた高齢者では、ただ悲しみばかりではないと思います。天寿を全うした。幸せな人生を過せた。そう思えると思います。

じめじめした葬儀はしないでくれ。明るくやってくれ。人によっては、そう言う年寄りも増えています。

今や、死は高齢者のものになっています。悲しみに暮れるだけではないでしょう。葬儀の雰囲気も、考えて、決めても良いのではないでしょうか。

故人の人生を紹介したり、表現したりしませんか

通夜や葬儀の司会者は、故人の氏名、享年、死因だけは知ろうとします。司会原稿が出来ていて、その部分だけを入れ替えれば、事足りるからです。現在の葬儀では、故人の存在は薄いものです。葬儀に参列する人は、わざわざお別れのために集ってくれているのです。在りし日の故人をありありと思い出せるような会にして、皆で一緒に最後の瞬間まで思い出を共有できるようにしたいと思いませんか。

今までは、事前に準備していないから、出来なかっただけのことです。せっかく準備をするのです。故人の人生を紹介したり、趣味の作品を並べたり、何か、表現したらと思います。

38――これだけは、決めておいてください

予算を決めてください

葬儀にいくらかかるか。関心を持つ人は多いですが、内容を知ろうとする人は多くはありません。見当のつけようがなく、葬儀社に提案されるままに従っているようです。

車を買うにしても、自分の収入を考慮して、欲しい車種を我慢する人ばかりだと思います。しかし、葬儀では、こんな風には思いません。

実際に掛かる費用は、内容により異なります。そのため、内容が決まらなければ、決まりません。ただ、使える金額を意識することが、大切だと思います。これがないと、言われたままの葬儀をするようになってしまいます。

同時に、そのお金の出所や分担方法も決めておけば万全です。

香典の取扱いを決めてください

東京都の調査では、半数近い人は、香典の悪習は止めるべきだと考えています。しかし、止めるに止められずにいます。ただ、最近では、癌の研究機関などに、寄付をしたという挨拶状で、香典返しをしない人もいます。香典をどうするかについても、決めておいた方が良いと思います。

また、香典は、集ったお金から香典返しとして返した差額は、葬儀費用に充当します。予算を考える時には、その額も考慮してください。

来てもらう人の範囲を決めてください

葬儀は、来てもらう人、その人数により、内容が大きく決まります。家族や親族だけで行うなら、アットホームに、形式抜きでもできます。遺族のために、わざわざ来てくれる人が多いなら、それに応えなければなりません。人数が少なければ自宅でもできますが、多ければ、参列者に迷惑をかけないためにも、大きな式場を借りなければなりません。

このため、来てもらう人の範囲を決めてください。

どんな形式で行いますか

キリスト教や神道、仏教など、信心している人なら、その宗教儀式で行うと思います。無宗教なら、どんな形式で行うかを決めます。特に意向がないようでしたら、宗教儀式で行う方が、準備は簡単に済みます。

ただ、個性的に行いたいなど、意向があるなら、無宗教式やホテル葬などを選んでください。制約がなく、自由にできます。準備は、大変になります。

場所も決めておきます

多くの場合は、故人の住んでいる家に近い場所で、葬儀を行います。ただ、入院先が、家から遠く離れている場合などには、何処で行うかを決めておきます。

葬儀社には、営業範囲が決まっています。会社から離れた場所の葬儀は、受けてくれません。

また、葬儀式場で行うか、マンションの集会所で行うか、自宅で行うか、会場も決めてください。

39――こだわりを持って行うなら

その人らしく行いたいなら、新しい方法を選択します

個性的に、その人らしく行いたい。こう思うなら、思い切って、無宗教式で行うべきです。宗教儀式では、制約が多く、なかなか思う通りにできません。ただこの場合、葬儀社などに、すべてを任せ切りで行うことはできなくなります。自ら考えて、自ら行うことが、多くなります。

現在、無宗教式で葬儀を行っている人は、東京都では四％程度、全国的には二％弱程度ですが、毎年、急増しています。

お気に入りの服を用意します

お洒落な人で、人一倍、洋服に気を使っていた人も、棺に入る時は、病院で用意される、皆と同じものを着せられます。最後に、お気に入りだった服を着せてあげたい。最後は、この服を着ていたい。そんな希望があれば、その服を用意しておきます。

但し、火葬炉を傷めないように、金属製のボタンの着いた服はいけないなど、火葬場により規制があります。事前に、葬儀社に相談しておきます。

また、最近では、様々な死に装束が作られ、販売されています。

棺や骨壷もいろいろあります

棺にも、新しい動きがあります。紙で作ったもの、エコを意識したもの、パステルカラーのものなど、様々なタイプが市販され始めています。骨壷は、以前から出回っていますが、全国の窯場から、焼き物として飾れるものがあります。

入る棺、骨を入れる壷についても、こだわりたいなら、選ぶこともできます。ただ、葬儀社のパッケージや火葬場の料金には、棺や骨壷が含まれていたりしますので、事前に相談しておくことが、必要になります。

お礼やお別れの言葉を用意します

故人も、こう思っています。喪主の挨拶の決まり文句です。故人が死んでいるため、自ら話すことができないからです。

本人が準備するなら、自分で、お礼やお別れの言葉を残しておきます。テープにとっておけば、式で、流すこともできます。喪主が、代読することもできます。また、会葬礼状にして、参列者に渡すこともできます。

40――葬儀社を決めておきます

候補先をリストアップします

葬儀社も、店から遠い場所の葬儀は、その場所に近い知り合いの葬儀社に、仕事を回してしまいます。そのため、葬儀を行う場所近くから、一社以上の候補先を、リストアップします。葬儀社の情報は、駅の看板や電話帳、最近ではインターネット、その他、親戚や知人などから仕入れてください。

この時、ホテル葬や散骨など、特別な希望があれば、取扱っている葬儀社を探すことが必要になります。パンフレットでは取扱っているように書いてあっても、実際には、ほとんど経験のないこともあります。注意してください。

実際に、自分の目で確かめてください

候補先が決まったら、実際に訪問します。葬儀社の中には、店を構えないで、自宅が事務所であったり、他の店の店頭に看板だけを掲げていたりする葬儀社もあります。そのような葬儀社は、避けた方が無難だからです。また、実際に意向を伝えて、話を聞いて見なければ、わからないことが多いと思います。

訪問する時は、葬儀社に、「まだ先のことですが、事前に準備しておきたいので」と伝えておきます。さもないと、葬儀社からの営業活動を受けかねません。

見積書を貰ってみてください

葬儀社には、自分の意向を伝えて、見積書をもらってください。自分の意向が間違いなく伝わっているか、確認もできます。また、同じ内容でも、複数の葬儀社に見積を依頼すれば、金額が異なるはずです。その金額や、相談に応じてくれた人の応対、お店の雰囲気などを、総合的に考えて、意中の葬儀社を決めておきます。

臨終を迎えてからでは、探しようがありません

葬儀社選びは、必ず事前に行ってください。臨終を迎えてからでは、葬儀社を検討する時間はありません。そんな時には、費用や内容について、根掘り葉掘り聞くわけにもいきません。また、自分の希望を決めておかないと、何も聞きようもありません。先に、およその希望を決めてください。そして、臨終近くになったら、決めておいた葬儀社に連絡をして、依頼してください。

誰でも明日から葬儀社になれます

葬儀社を始めてみませんか。知識や資金が無くても、大丈夫です。事務所を、借りることもありません。自宅に、電話を一本と、パソコンを用意するだけで、十分です。祭壇などは、レンタル業者に、必要な時に借りれば済みます。人材も、仕事が入った時に、派遣会社で手配できます。また、

積極的に訪問営業は行いずらいので、営業マンも不要です。インターネットにホームページを立上げ、電話帳に案内を載せ、駅の看板などに広告を載せれば、準備はＯＫです。後は、ひたすら、客からの連絡を待つだけです。これで、年間に数本の仕事が入れば、変な副業をするより、稼ぎは良いはずです。

実際に、他の店先に看板を掲げるだけや、マンションの自室で営業している葬儀社も少なくありません。客はめったに店に来ないと思っているからです。葬儀社を頼む時には、店をかならず訪問してください。

葬儀社を選ぶ基準	
—価格体系が明朗である	七〇・五％
—疑問点を丁寧に説明してくれる	五八・四％
—サービスが行き届いている	四〇・七％
—社会的信用がある	二三・五％
—出費を抑えられる	二一・五％
—契約手続きが簡単である	一七・五％
—親族・知人からの紹介である	一四・一％

（葬儀にかかわる費用等調査報告書　東京都生活文化局　平成十四年三月）

ホテル葬とはこんなものです

41——ホテル葬とは、どのようなものでしょうか

一言で言えば、無宗教式の告別式です

　ホテル葬とは、ホテルで行われる「お別れの会」や「偲ぶ会」のことです。葬儀式場でも、「お別れの会」や「偲ぶ会」が行われますが、それとは異なります。葬儀式場で行われるものは、遺体を前に行われます。しかし、ホテルには遺体を持ち込めません。

　ホテルで行われる「お別れの会」は、遺体の葬儀を済ませた後に行われる、告別式にあたるものです。告別式ですから、基本的には、無宗教式です。ただ、まだ誕生したばかりで、これから作られていくもので、特に決められたものではありません。

「お別れの会」と「偲ぶ会」は異なります

「お別れの会」、「偲ぶ会」と呼ばれるものがあります。違いは明確ではありません。これは、「お別れの会」なるものが、作られてから行われたものでないからです。行われているものに、人が、後から勝手に名前を付けたため、曖昧になっています。

　ただ、風潮としては、死んだ直後に行われる告別式にあたるものが、「お別れの会」、一周忌や三回忌にあたる法事の会食が、「偲ぶ会」と呼ばれつつあります。

また、「お別れの会」と「お別れ会」という言い方もあります。あまり気にしないで使われているようですが。「お別れの会」が一般的です。

ホテルは、ホテル葬という言葉を使いません

ホテルは、ホテル葬という言葉は使いたがりません。「お別れの会」のパンフレットには、感謝の宴、崇敬の宴といった、別の宴の名前にしています。ホテルは、イメージを非常に大切にしています。そのため、少しでも悪い影響を及ぼすことを、懸念しているためです。

ホテル葬という言葉は、葬儀社やマスコミが言い始めました。何の考えもないないないネーミングで、ホテルで行う葬儀を短縮して、ホテル葬です。

結婚披露宴の葬儀版をイメージしてください

最近では、ホテル葬に参加する人も増えています。しかし、一度も参加したことのない人には、どんなものか、想像もつかないと思います。婚礼の披露宴をイメージしてください。お祝いとお別れの大きな違いはありますが、大枠は同じです。

新郎と新婦が並ぶメイン席には、花祭壇が飾られ、その中に故人の遺影が置かれます。始めに、故人とゆかりの深い人から、お別れの言葉が述べられ、その後、会食をしながら、故人を偲びます。

また、参加する人は、喪服ではなく平服で集まり、焼香は臭いが残るので、代わりに献花が行われます。

「お別れの会」は、どのように行われるか

下記の内容は一般的なもので、それに拘るものではありません

◇実施要項

―臨終の後、三〇日から四九日の間に行われます
―時間は、昼でも夜でも構いません
―参会者は、喪服でなく、平服で参会します
―来て欲しい人のみに声を掛ける招待制で行うと、スムーズに行えます
―香典を受け取る代わりに、会費制で行うこともできます

◇式

―式典を行った後、会食を行い、個人を偲びます
―焼香の代わりに、献花が行われます
―宗教祭壇の代わりに、花祭壇を飾ります
―個人を紹介する企画を行います

※式次第の例

開会の辞　…　ナレーションやVTR放映等
黙祷
個人紹介　…　友人代表二人程度
贈る言葉　…　個人のカラオケの十八番等
献曲
献花　…　個人が愛飲していた酒で
献杯
会食開始
余興　…　スピーチ、個人と馴染み深いこと
お礼の言葉　…　主催者

42――従来の葬儀とは異なる、良いところが色々あります

死んだ直後は、家族だけで、お別れに専念できます

一般的なスタイルで葬儀を行うと、参列者への連絡や応対、花の置く位置や席順を決めるなど、様々な雑用に追われます。

ホテル葬では、遺体の葬儀は、家族とごく親しい人のみで行います。そのため、雑用もなく、他のことに気遣うこともなく、故人を偲ぶことに、専念できます。雑務に追われることで、心が紛れる。そう言う葬儀社もいますが、そんなものではないはずです。

自分で好きなように、思うようにできます

宗教儀式は、決められている形式や手順に、従って行われます。個人が、好きなようにできることは、ほとんどありません。ホテル葬は、個人的に行う集まりです。行う人は、自分で思う通りに行うことができます。

また、葬儀式場では、音楽を流してはいけないなど、制約があります。明るく行いたいと思っても、隣の部屋では、喪服の人が集まり、しめやかに行っています。これでは、なかなか雰囲気は作れません。ホテルには、ほとんど制約はありません。

個人（故人）中心で行えます

宗教儀式では、故人の魂の処理が目的でしょうから、個人を表現する場はありません。故人の人生や個性などを、表したいと思っても、行うことができません。ホテル葬なら、どんな方法でも可能です。

この場合、自分たちの手で行うしか、方法はありません。ホテルの担当者に相談はできても、他人任せではできません。本人、あるいは故人を良く知る人しか、行いようはありません。

従来の葬儀では、行いたいと思っても、自分たちでは、何もしようがありませんでした。ホテル葬では、自分たちの手で、送ることができます。

集まってくれた人と、故人の思い出を話せます

通夜では、遺族と参列者が、話をする時間はありません。参列者の焼香を受けている間、遺族は、祭壇の前にいて、頭をさげています。参列者は、焼香の後、お清め会場へ進みますが、長居する雰囲気でもないので、すぐに席を立ちます。それも、半分近い人は、焼香を済ませたらそのまま帰ってしまいます。

ホテル葬は、一般的には二時間程度で行われています。行い方は様々ですが、故人のことや、その人との思い出などを、話したり聞いたりする時間は、十分持つことができます。

費用も、自分で決めることができます

ホテル葬は、宴会場の室料と、料理、飲物代があれば、行うことはできます。会食しないなら、料理代も不要です。その他、花祭壇や会葬礼状、返礼品、プロの司会者など、欲しいと思うものだけ用意します。自分が欲しくないものは、用意することはありません。
また、ホテルのランクにより、料理を始めとする金額も異なります。予算に合わせて、自分でホテルを選ぶこともできます。

一番の良さは、ハレの場から送れることでしょう

ホテルは、ホテル葬の良さとして、ホテルを利用できることとアピールしています。イメージが良い。立地が良い。暑い日や寒い日、雨や雪の日、どんな天候でも、影響を受けることなく、快適に行えます。料理も、温かいものは温かく、冷たいものは冷たく、食べてもらえます。もちろん、料理は美味しい。お客様も、最高レベルのサービスで、お迎えします。すべて、ホテルの良さのみを、羅列します。
ただ、ホテルで行う一番の良さは、ハレの場から送れることだと思います。死のイメージが染み付いた、葬儀式場で、最後のお別れをしなくて済みます。

ホテルに拘らなくでも構いません

ホテル葬は、ホテルで行うものに限りません。場所に、拘らなくても良いと思います。レストランでも、公民館でも、自宅でも、どこでも構いません。故人との、最後のお別れの仕方が、重要なのです。

ホテル葬が、普及するにつれ、考え方や形式が同じものが、様々な場所で行われていくはずです。この新しいお別れの方法は、まだ生まれたばかりなので、設備やノウハウが整っている、ホテルで行われているだけです。

ホテル葬の費用

◇基本は、ホテルで行う宴会費用と同じで、自分で管理可能なものです
料理、飲物、部屋があれば実施は可能です
それ以外は、取捨選択が可能です。必要に応じて、費用が掛かります

◇金額の目安は、料理と飲物の人数分合計の1.5倍前後です

◇ホテル葬の費用の他に、遺体の葬儀の費用がかかります

※費用の内訳

基本費用	（料理、飲料、室料）
装花	（祭壇、献花、会場装花）
演出装飾	（会場装飾、音楽、照明、映像放映）
企画運営	（司会者、コンパニオン、企画費用）
その他費用	（遺影、記録撮影、会葬御礼品、案内状）

※簡単例（参会者　100名の場合）

①料理	8000×100	800,000
②飲料	2000×100	200,000
③室料		50,000
④サービス料（10%）		105,000
⑤花祭壇		200,000
⑥会場装花		20,000
⑦献花	400×100	40,000
⑧司会者		60,000
⑨案内状等製作	500×100	50,000
⑩合計（税込み）		1,601,250円

従来の葬儀との費用比較

従来の仏式葬儀の場合		無宗教式で家族葬～「お別れの会」の場合	
130万円	葬儀社への支払	60万円	親族のみで、遺体処理中心の葬儀を実施する
48万円	その他（会場費、心付けなど）	10万円	死亡連絡、お別れの会の案内状作成、発送
45万円	飲食接待費	160万円	１人１万円の料飲費として算出
91万円	香典返しの費用	30万円	１人３千円として算出（無くても可）
64万円	寺院への費用	０万円	無宗教式であれば不要
378万円	合計（調査実績数字）	260万円	合計（モデル計算）

↑ 東京都生活文化局（平成８年度調査）

↑ 参列者　100人での想定

ポイント：従来の葬儀は祭壇関連費用が中心ですが、ホテル等での「お別れの会」は料理・飲料費用が中心となります
また、家族葬をいかに低費用で済ませるかで、費用が大きく下がります

準備なしに、行うことはできません

43――実施できるように、体制を整えておきます

家族に了承をえてください

葬儀は一人では行うことはできません。ホテル葬を実施するためには、家族の合意が必要です。事前に、ホテル葬をあげたいことを話し、合意をえてください。合意をえる方法は、ホテル葬の良さを説明し、一生懸命に説得するしか方法はありません。賛成して貰えなくても、反対はしないで貰ってください。一人でも反対者がいると、実施は困難です。強行した場合、取り返しのつかない関係に陥る可能性もあります。また、良いお別れを行うこともできません。

可能であれば、本人にも話してください

家族が準備する場合は、話しづらいでしょうが、話せるようであれば、本人にも話してみてください。ただ、本人に反対されると、行いづらくもなります。話せたら、本人に葬儀の希望を聞いてください。任せてもらえるようでしたら、ホテル葬の話を切りだしてください。合意してくれるなら、呼んで欲しい人を聞いておいてください。そして、本人が積極的なら、自分でメッセージを残すように、勧めてください。本人の言葉で、案内状や参会礼状の挨拶を、綴ることができます。

葬儀社を手配しておきます

家族と親族のみの、少数で何も用意しないような葬儀を、快く引き受けてくれる葬儀社は、数が少ないです。儲けが少ないからです。このため、希望する葬儀を行ってくれる葬儀社を、事前に手配しておきます。さもないと、従来通りの葬儀をあげざるをえなくなります。

そのため、家族葬の概要を決めておきます。知らせる人の範囲、僧侶を呼ぶか、祭壇をどうするか、自宅で行うか、両親の自宅近くで行うかなどです。特に、行う場所が決まらないと、葬儀社も探しようがありません。そして、葬儀社には、希望を述べて、参考としての見積を貰っておくと、お互いの思い込みによる間違いが、防げるはずです。

最期が近くなったら、行う準備にかかります

最期が近づいたら、事前に準備した葬儀社に連絡してください。臨終の時に、確実に予定していた葬儀社に依頼できるようにするためです。連絡したら、後は、葬儀社の指示通りに対応してください。病院の中で、声をかけてきた葬儀社に、気軽に手配を依頼してしまうと、家族葬を行うことができなくなる可能性が大きくなります。

44——臨終を迎えてから

臨終を迎えたら、家族葬を行ってください

臨終を迎えたら、家族葬を行います。計画通りに行うためには、十分な配慮も必要になります。特に、死んだことを、人に知られないようにしてください。下手に知られてしまうと、どんどん拡がってしまう怖れがあります。そうなると、その応対に、追われることになりかねません。

そして、家族葬が終ったら、早速、ホテル葬の準備にかかります。

始めに、日程を決めてください

始めに、日程、参加者、会場を決めます。日程は、臨終後、三十日から四十九日のあいだに行われることが多いようです。これは、特に理由はありませんが、いわゆる仏式の四九日を目安にしています。日数が経ちすぎても変ですし、直ぐであると準備ができないためです。自分に都合の良い日を選んでください。もしこの頃に、故人の思い出や記念日があれば、それにあわせると最高です。

参会者を決めてください

従来の葬儀では、参列するか否かは、参列者が決めています。そのため、義理で来る人が多くなり、人数が決まりません。折角、新しい方法で行うのです。お別れに来て欲しい人だけで、行うようにすべきです。そのため、結婚式のように、招待制にすると良いです。この時、会費制にして、香典を受け取らない方法もあります。

ただ、従来通りにしたいなら、核になる人に連絡して、当日を待つだけです。しかし、ある程度の参加者数を決めるおかないと、準備が大変になります。

会場を決めます

人数が決まったら、会場を選びます。故人が生前に愛用していたなど、特別な思いがあれば、そのホテルにします。希望がなければ、費用の予算や地理的な便利さで選びます。世間体を気にするなら、ホテルの格も考慮します。

また、場所は、ホテルに限ることはありません。親しい人で集まり、会食しながら、故人とお別れができる場所なら、レストランでも、どこでも構いません。

参会者に案内します

日程と会場が決まったら、早速、参会者に案内を行います。どんなに遅くても、二週間以上前には、案内状が届くようにしてあげたいものです。この時までに、主催者を誰にするか、香典の取扱いも決めておかなければなりません。香典を受け取らない場合には、案内状に一文を入れておきます。会費制にするなら、会費も入れなければなりません。

事前に準備する場合には、自筆で、案内状を用意しておくこともできます。

45――「お別れの会」の準備を進めます

故人を偲ばせる企画を考えます

従来の葬儀でなく、わざわざホテル葬を行うのです。故人の生前を彷彿とさせる企画を盛り込んでください。故人のＶＴＲを編集して会場で放映したり、故人の一生を、短い原稿にまとめてナレーションしたりすれば、皆で一緒に、故人の人生を振り返ることができます。好きだった曲を、誰かが演奏すれば、故人の顔が思い浮かびます。その他、会場内に写真や故人の作品、コレクションなどを並べるなど、方法はいろいろあります。

式次第を決めます

無宗教式なので、式の間、何もしなくても構いません。しかし、何も行わないと、参列者もどのようにしたら良いかと、落ち着かない気持ちになってしまいます。そのため、何らかの式次第を行うべきです。

今のところは、仏式葬儀の式次第を基に行われています。順番は色々ですが、黙祷、弔辞、遺族の謝辞、献花が行われています。そして、式を終えた後に、会食をします。会食中には、婚礼と同じように、スピーチや余興が催されたりもします。

こうしなければならない。そんな制約はありません。思い思いに、決めて構いません。

進行や運営のことを決めます

式次第を決めたら、誰に依頼するか、行う順番など、細かなことも決めておきます。弔辞をするなら、誰に依頼しますか。献花をするなら、その順番も決めておかないと、混乱します。来てくれる人を、誰が、いつ挨拶してお迎えしますか。そんな細かなことも、決めておくべきです。

不手際があると、せっかくの式も、興ざめしてしまいます。故人には、多くの人に集ってもらう、最後の機会です。精一杯のことはしましょう。

また、司会や式の進行を誰が行うか、受付は誰に依頼するかなど、担当者も決めます。

故人への思いを込めて、司会原稿を用意します

最後に、式次第や進行に添って、司会の原稿を作成します。手順や話す内容を決めておくだけでなく、必ず、原稿を書いてください。ここに、故人への思いを、集約してください。そして、感動的に、ほのぼのとした感じに、厳かな感じに、自分で作りたいイメージで書いてください。式で、司会者の口から出る言葉が、式を作ります。この思いで、考えてください。

また、誰が司会するにしても、事前に、本読みやリハーサルを行ってください。式は、司会原稿と司会者しだいで、決まってしまいます。

ホテル葬を実施するためには

実施を決意する → 実施可能な状況を用意する → 家族葬を行う → 基本方針を決める

実施を決意する

・ホテル葬のことを、よく知ってください
そして、行う意思を強く持ってください

実施可能な状況を用意する

・家族の合意をえてください
・家族葬を行ってくれる葬儀社を準備しておきます

家族葬を行う

・臨終を迎えたら、遺体の葬儀を身内だけで済ませる
この時、多くの人を呼んで、従来の通りの葬儀をあげてしまうと、実施は難しくなります

基本方針を決める

・ホテル葬の基本を決めます
事前から、ある程度決めておきます

⇩

実施日を決め、手配する

・実施日を決め、会場を手配し、参会者に案内します

⇩

実施の準備を行う

・会場の装飾や設営、式、運営の準備を行います

⇩

ホテル葬を実施する

ホテル葬が一般化していない現状では、事前に準備しないと、実施は難しくなります。

あとがき

現在の葬儀のあり方は、このままで良いのか。誰かが、変えなければならない。近い内に、必ず、葬儀は大きく変わる。だから、大きなビジネスチャンスがある。こんな思いで、二〇〇〇年九月に、リストラされたのをきっかけに、素人のまま、この業界に飛び込み、新しい事業を開始しました。

それから六年の間、多少は変わってきているとは思いますが、自分で思っていたほどには、葬儀のあり方は変わっていません。実際の仕事を通して、様々なことを経験し、葬儀を変えることの大変さ、難しさを実感しました。振り返れば、こんな大それたことをよく考えたなあと思います。

この理由を考えてみますと、何と言っても、人々の無関心さと、既成概念の強さにあると思います。葬儀という言葉を聞いただけでも、必要がないからと嫌がる人も多くいます。「こうあらねばならない」という思い込みで、何も受け付けず、何も考えようとしない人も多くいます。

一方、意識の高い人も、関心を持っている人もいます。しかし、まだ少数派です。

ホテル葬を行いたいと相談に来ても、家族全員の賛成が得られないために、断念する人が多くいました。本の出版に関しても、同様でした。葬儀の意味を考えさせることは意義がある。そう思い、出版に向け努力してくれた出版社の担当の方も数人いるのですが、最終的には、社内の総意をうることができないことが続きました。これからの葬儀について、前向きに取り組もうとする人が、多いと言えないのが現実です。

しかし、葬儀は、今後、大きく変わることは、間違いありません。歴史を見れば明白です。社会の移り変わりと共に、葬儀のあり方は大きく変わっています。実際に、明治、大正、戦後と変わってきています。また、現在の葬儀が、多くの人に、十分な満足を与えていない以上、変わらざるをえません。好むとか、好まないとか、関係はありません。当然の流れです。


ただ、葬儀を大きく変えることができるのは、消費者のみです。消費者の意識の持ち方次第で、いかようにもなります。葬儀について、真剣に考え、取り組む人が、一人また一人と、増えていくことで、葬儀のあり方が変わってきます。しかし、関心は持ったとしても、行動を起こさなければ、何も変わりません。

その行動を起こすことは、難しいものです。人は誰でも、いつか死ぬと思っています。しかし、自分や家族は、当分は死なないと思っています。そのため、まだ大丈夫と思ってしまいます。そして、そのまま、自分や家族の死を間近に迎えてしまいます。そうなっては、遅すぎます。

この本を読んでいただいたのも、何かのご縁ですから、是非、これをきっかけに、考え始め、前向きに取り組んでもらいたいと思います。

最後になりますが、この度、このような本の出版をご決断いただきました、駿河台出版社の山田さん、井田社長に、心よりお礼申し上げます。また、皆さまにも、ご一読いただき、ありがとうございました。

この本を読まれた感想やご意見などがございましたら、是非、お聞かせください。今後の参考にさせていただきたいと思います。

また、質問もお受けしております。この本に関することに限らず、日ごろ感じている疑問でも構いません。ご希望の方は、質問の内容、住所・氏名を記入し、郵便切手を貼った返信用封筒を同封の上、当社宛てにお送りください。お待ちしております。必ず、お返事を差し上げますが、時間がかかることもあるかと思います。ご容赦ください。

なお、著者の講演やセミナー、事前準備相談等にご興味のある方には、ご案内をお送りします。ご希望の方は、住所・氏名のほか、案内希望と明記の上、当社宛に郵便にてお申し出ください。お知らせいただいた個人情報は、この目的以外には利用いたしません。

事務所 住所 東京都中央区日本橋三—二—一四 日本橋KNビル四階
株式会社ウイリングセンター
電話 〇三—五二〇一—三九四一

参考文献

本の名前	著者名	出版社名
葬儀の歴史	芳賀　登	雄山閣出版
葬式仏教	圭室　諦成	大法輪閣
葬式と檀家	圭室　文雄	吉川弘文館
先祖供養と葬送儀礼	五来　重　ほか	大法輪閣
古代人と死	西郷　信綱	平凡社
浄土の本	少年社　ほか	学習研究社
鎌倉新仏教の誕生	松尾　剛次	講談社
神仏習合	義江　彰夫	岩波書店
季刊「仏教」 No. 20		法藏館
東京風俗志	平出　鏗次郎	筑摩書房
霊柩車の誕生	井上　章一	朝日新聞社
葬式	須藤　功	青弓社
葬送の倫理	久野　昭	紀ノ伊國屋
葬儀のこころと作法	大林　智詳	小学館
お葬式をどうするか	ひろ　さちや	PHP 研究所
生前戒名のすすめ	松原　日治	くまざさ社
「葬式に坊主は不要」と釈迦は言った	北川　紘洋	はまの出版
葬式はどうあるべきか	大倉　隆浄	国書刊行会
よい「お葬式」の出し方	實近　昭紀	日本実業出版社
死とどう向き合うか	アルフォンス・デーケン	日本放送出版協会
葬式の探求	牛込　覚心	国書刊行会
世界の葬式	松濤　弘道	新潮社

附録 「葬儀事前準備書」&「お別れの会企画書」

今まで少しの関心を持つこともなく、知識もほとんどないままでは、葬儀の事前準備を行なおうと思っても、どうしたら良いか、全くわからないと思います。ホテルでのお別れの会を検討したくても、全くイメージが描けないと思います。

そのため、この本を読んでいただき、葬儀への関心を深め、ご自分で葬儀の準備をしてみたい、ホテルでのお別れの会を検討してみたい、そうお思いの方々のために、参考例やマニュアルを用意しました。是非、ご利用ください。そして、自らの手で行なうことに、挑戦してください。

葬儀事前準備書

中村　勤

作成者：ウイリングセンター

初版：平成13年９月10日

基本事項

◇ご本人

氏名	ナカムラ ツトム 中村 勤
生年月日	昭和25年3月16日 51歳
住所	神奈川県横須賀市久比里7－23－2
連絡先	0468－34－8264
同居者	中村 美千代 妻

◇依頼者

喪主	中村 美千代
実行者	高田 次郎 友人 090－＊＊＊＊－＊＊＊＊

◇依頼予定業者

葬儀社（第1候補）	新宿葬儀社 井石室長 03－＊＊＊＊－＊＊＊＊ 詳細を依頼済み
葬儀社（第2候補）	東京典礼 渡辺 090－＊＊＊＊－＊＊＊＊ 担当者と懇意であるが、依頼交渉はしていない。
ホテル（第1候補）	西新宿ホテル 古居支配人 03－＊＊＊＊－＊＊＊＊ 普段からいざという時は宜しくと言ってある
ホテル（第2候補）	四谷赤阪ホテル 奄美課長 03－＊＊＊＊－＊＊＊＊ 懇意ではあるが、話してはいない
コーディネーター	ウイリングセンター 石渡 045－＊＊＊－＊＊＊＊ すべて任せている

準備の目的

準備の目的	①自分のしたいようにする ②家族に手間をかけさせない

葬儀の趣旨

タイトル	中村　勤　お別れの会 ～　今までお世話になりました
コンセプト	ご迷惑をおかけしました。ありがとうございました。
目　　的	生前、ご迷惑をかけたことをお詫びすると共に、感謝の意を表すこと
基　　調	和やかななかで、淡々と
表　　現	感謝。自分の言葉で。ナレーション原稿を用意する。

全体の概要

形　　式	家族葬の後、「お別れの会」を行う。
宗　　教	無宗教
参列者の範囲	家族葬は、身内、友人で少人数。 お別れの会は、親しい取引先も含める。
場　　所	通夜・葬儀は自宅、お別れの会はホテル
香　　典	親族以外からは、香典は受取らない。
費　　用	総額300万円の範囲内
支払方法	葬儀用のプルプル生命保険で対応する。

臨終～遺体安置

◇臨終

連　絡　者	不要（妻のみ） ただ、妻の補佐として、高田次郎
連絡方法	妻が高田へ連絡。
死　装　束	死ぬ頃に一番気に入って着ていたゴルフウエア
最後の希望	わからない。（現時点では、後日書き加える可能性あり）
特別依頼事項	前妻、前々妻に死亡の連絡。通夜等は相手の要望に応じる。 高田に依頼済み。

◇搬送（病院等で亡くなった場合）

搬　送　先	自宅
搬送ルート	病院にもよるが、新宿の靖国通りから職安通りを通りたい。
棺	拘らない。一番安い棺で。

◇遺体処置

湯　灌	不要。
防腐処理	不要。
死　化　粧	不要。

◇遺体安置

場　所	自室。
装　飾	枕飾り等は不要。アレンジ花が２～３あれば十分。
環　境	テレビをつけっ放しにしてほしい。
納　棺	できれば通夜で人が来る前までは、外にいたい。 葬儀社の手でいれて欲しくない。

通夜〜葬儀（無宗教式）

◇会場・装飾

場　　所	自宅
祭　　壇	花祭壇は不要。
装　　花	季節の花でアレンジ。 フリージャ、スイートピー、チューリップ等が希望。
遺　　影	用意してある。
装　　飾	ゴルフのトロフィー、クラブ
供花・供物	受取らない。
看　　板	不要。

◇通夜

世 話 役	高田　次郎
葬儀委員長	不要
弔 辞 者	一朗、島本、阿部、村井、平田

◇通夜

参 列 者	親族、親しい友人のみ20人程度。リスト、連絡方法は別添資料。
接待方法	西新宿ホテルよりケータリングを取る。 ただし、ウイエターは不要。
式 次 第	開始の挨拶（一朗）〜弔辞〜中締め、お礼の言葉（妻）〜終了の挨拶（高田）
進行・脚本	お礼の言葉（自分で作成）、それ以外は、単に飲んで語るのみ。
進行担当者	高田に料理手配、連絡、会の進行の全体を仕切るように依頼。

◇夜間

付　　添	不要。但し、妻のために妻の兄弟にはいて欲しい。(依頼していない)
環　　境	電気、テレビをつけたまま。

◇葬儀・告別式

参 列 者	親族のみ。
接待方法	特にない。
式 次 第	出棺前１時間程度から集まり、そのまま出棺。
進行・脚本	なし。
担 当 者	新宿葬儀社　井石さんに依頼。
本人紹介	なし。
お礼の言葉	なし。

◇小物

会葬礼状	各人別に作成。
会葬返礼品	なし。
香典返し	なし。

◇宗教家

宗 教 家	なし。
お　　礼	不要。

出棺～火葬場

◇出棺

棺に入れる物	ない。
運　ぶ　人	できれば身内のみでお願いしたい。
演　　　出	テレサ・テン「時の流れに身を任せ」を流す。

◇搬送

霊　柩　車	できれば、普通の搬送車がいい。
同　乗　者	妻 運転手、葬儀社と３人は嫌だ。
搬送ルート	自宅搬送時に、新宿を通らなかった場合。最後に、何とかして、新宿職安通りを通りたい。

◇火葬場

参　列　者	身内のみ。
骨　　　壺	用意されたものでいい。 骨は少しでいい。（散骨する）

精進落し

場　　　所	妻が希望するホテルかレストランで。
お礼の言葉	自分で用意してあるから、最後に読んで欲しい。

お別れの会（無宗教式）

◇会場・装飾

場　　所	西新宿ホテル
祭　　壇	1.8mの花祭壇
遺　　影	用意済み。
装花・装飾	妻に任せる。 ジョーゼットを活用する。
展　　示	ゴルフクラブ、トロフィー 子供の頃から最近までの写真（用意してある）
供花・供物	ご好意は受け取り、祭壇、装花の費用へ。 祭壇にお名前を掲示。
看　　板	フューネラルボードで、会の名前を。 デザインは任せる。

◇企画・運営

参 列 者	通夜参列者の他に、知人、会社関係で親しい方。 総勢、120名を越えないように。
香　　典	受取らないが、会費制とする。 その額は、料飲費用の約半額程度とする。
招 待 状	自作の招待文を用意。
服　　装	完全な平服。女性は、着飾って欲しい。
接待方法	日本酒、紹興酒、生グレープフルーツサワー、ニンニク焼きは欲しい。その他は自由。着席ビュッフェ。
企画・演出	ウイリング葬トゥゲザーで。 可能な限り、悪口を言って欲しい。
式 次 第	開会の辞（一朗）～懇親～スピーチ～お礼の挨拶（妻）～別れの言葉唱和「お疲れ様でした」（高田）
進行・脚本	別途
運営担当者	司会（井堀さん）、コンパニオン使用
参会礼状	自作で用意。
参会御礼品	まだ検討中。

「葬儀事前準備書」作成の手引き

Ⅰ．作成の狙いの確認

事前にお葬儀の準備をすると、多くのメリットがあります。

ご本人、ご家族の場合によりその内容は異なりますが、その狙いを十分に念頭に置いて、葬儀事前準備書を作成してください。

1．ご自分で作成する場合

①ご自分の葬儀に、ご自分の意思を反映させること
②ご遺族に、手間や迷惑をかけないこと
③ご遺族の経済的負担を軽減すること
④ご遺族の、葬儀に関する、徒な争いを未然に防ぐこと

2．ご家族で作成する場合

①その人らしい葬儀にすること
②ご自分の手で十分に送ってあげること
③その場で慌てないこと
④失敗や後悔を未然に防ぐこと

記入時のポイント　～　あまり悩まないでください

①希望がある場合は、文章にせずに、単語を並べるだけでかまいません
②特に希望がない場合は、「特に無し」とご記入ください
③必要がない場合は、　「必要なし」とご記入ください
④実施しない場合は、　「実施しない」とご記入ください。
⑤今はわからない場合は、「今はわからない」とご記入ください

Ⅱ．記入上の説明

表紙

１．お名前 … お葬儀を準備される方のお名前
２．作成者 … 葬儀事前準備書を作成された方のお名前
３．作成日 … 最初に作成された時は、初版：作成日
以降、加筆修正された時は　第2版：作成日と続ける

１．基本事項

葬儀を準備される対象の方の個人データ、および葬儀を実施される方、葬儀を依頼される予定業者に関して、ご記入ください。

（１）ご本人
①氏名 … お葬儀を準備される方のお名前
②生年月日 … 〃 生年月日
③住所 … 〃 ご住所
④連絡先 … 〃 ご連絡先
⑤同居者 … ご同居の方のお名前、ご関係（複数の場合は、代表者のみ）
（２）依頼者
①喪主 … 喪主となる方のお名前とご関係
②実行者 … 実際に葬儀の運営を依頼する方のお名前とご関係.
（３）依頼予定業者
①葬儀社（第１候補） … 依頼予定先の葬儀社名、連絡先、担当者名、打合せ内容等
②葬儀社（第２候補） … 複数の依頼予定先があれば同様
③ホテル（第１候補） … 依頼予定先のホテル名、連絡先、担当者名、打合せ内容等
④ホテル（第２候補） … 複数の依頼予定先があれば同様
⑤コーディネーター … 依頼予定のコーディネーター名、連絡先、担当者名、打合せ内容等

２．準備の目的

何のために葬儀を準備するのか。その理由や目的をご記入ください。

①準備の目的 … 葬儀を準備する理由、目的
例）思いとおりにする、家族に迷惑をかけない

3．葬儀の趣旨

どんな気持ちや思いを表現したいか、何のために葬儀を行うかを、お考えください。

これが、葬儀の心になり、参列される方々へのメッセージになります。

①タイトル　…　参列者に葬儀の趣旨がわかるようにつけるタイトル
　例）最後に、皆にお礼を言う会
②コンセプト　…　葬儀の趣旨を表現する短い言葉
　例）行ってきます、お世話になりました、ありがとう
③目的　…　葬儀を行う目的、優先順位をつけ２つ程度
　例）皆に感謝する、別れの挨拶、見送る
④基調　…　葬儀の雰囲気
　例）明るく楽しく、淡々と、厳かに
⑤表現　…　表現したいこと
　例）感謝の気持ち、自分の人生、趣味、家族

4．全体の概要

葬儀の形式、規模、香典の扱いや費用等の具体的な葬儀の概要について、お考えください。

形式、宗教が大きなポイントになります。

また、参列者の人数により、費用が大きく左右されます。

①形式　…　通夜、葬儀・告別式の形式
　例）家族葬～お別れの会、通夜～葬儀・告別式
②宗教　…　葬儀を行う宗教
③参列者　…　各式別の参列者の範囲、概算人数
④場所　…　各式別の実施する場所
　例）家族葬は自宅、お別れの会はホテル
⑤香典　…　香典を受取るか否か
　受取る場合は、受取る範囲や香典返しの目安
⑥費用　…　概算の総額予算、および内訳
　例）総額300万円（家族葬80万円お別れの会220万円）
⑦支払準備方法　…　葬儀費用の支払方法、内容
　例）××保険、××銀行××支店の定期貯金

※参列者については、「参列者概要書　作成マニュアル」をご参照ください
※費用については、「葬儀概算費用計算書　作成マニュアル」をご参照ください

5．臨終～遺体安置

ご臨終の時、お亡くなりになってからのご遺体の扱いについて、ご記入ください。
ご自分が安らかな気持ちでいることができるように、イメージしてください。

（1）臨終
- ①連絡者 … ご臨終の時に、集まって欲しい人
- ②連絡方法 … その方々への連絡方法
  例）誰々にリストを渡し依頼
- ③死装束 … 亡くなった後に着せて欲しい服
- ④最後の希望 … 最後にして欲しいこと、用意して欲しいこと等
- ⑤特別依頼事項 … 特別な人に内密で依頼していることがあれば、その依頼人名

（2）搬送
- ①搬送先 … ご遺体の搬送先
  例）ご自宅、葬儀式場
- ②搬送ルート … 搬送先へ行くまでに、通りたい道があれば
- ③棺 … 使用する棺の金額、材質等

（3）遺体処理
- ①湯灌 … 湯灌するか否か
- ②防腐処理 … 防腐処理をするか否か
- ③死化粧 … 死化粧をするか否か

（4）遺体安置
- ①場所 … ご自宅の場合、安置する部屋
- ②装飾 … 宗教式の装飾が必要か否、または希望
  例）宗教式は不要、花を多少用意するのみ
- ③環境 … 照明や音楽
  例）明るくして、自分の好きな音楽を流す
- ④納棺 … 納棺して欲しいタイミング、納棺して欲しい人

6．通夜～葬儀・告別式（　　式）

宗教儀式として行うか、葬儀と告別式を分割して行うかが、大きなポイントになります。

宗教儀式を選択された場合は、形式に沿って行うことになります。準備は簡単ですが、制約があります。また、葬儀社の方にすべて任せて行うことができます。

無宗教式や、葬儀と告別式を分割して行う場合は、制約もなく自由ですが、様々な準備が必要となります。

個人らしい葬儀を望む場合は、無宗教式や葬儀と告別式を分割した方が、実施し易くなります。

また、葬儀と告別式を分割して行う場合は、葬儀を家族葬、告別式をお別れの会として行うと、費用も安く済みます。

（1）会場・装飾
①場所　…　式をあげる場所
②祭壇　…　式で使用する祭壇、そのデザイン、サイズ、内容等
　例）宗教祭壇、花祭壇
③装花　…　会場内に花を飾るか否か、飾る場合はその内容
④遺影　…　遺影に使用する写真
⑤装飾　…　会場内の飾り付け
　例）故人の写真年表、趣味の品々の展示
⑥供花・供物　…　供花、供物を受取るか否か、受取る場合はその取扱い方法
⑦看板　…　看板が必要か否か、必要な場合は内容
　例）花で飾った看板にする

（2）担当者
①世話役　…　現場で采配を振るうことを依頼する人
②葬儀委員長　…　葬儀委員長を依頼する人
③弔辞者　…　弔辞をお願いする人、およびその方のプロフィール、ご関係、思い出等

（3）通夜
①参列者　…　参列予定者の人数、リスト（名前、連絡先等）、連絡方法
②接待方法　…　通夜振る舞いの内容
③式次第　…　通夜の式次第
④進行・脚本　…　通夜の進行表や脚本
　※進行表や脚本は、別紙添付してください
⑤進行担当者　…　実際の進行を依頼する人があれば

※参列者については、「参列者概要書　作成マニュアル」をご参照ください
※進行表については、「進行表　作成マニュアル」をご参照ください

（4）夜間
①付添 … 付き添いは必要か否か
必要な場合は、誰に、どのように
②環境 … 照明、線香、その他の希望
例）一晩中明るく、好きな音楽を流す、テレビをつけておく

（5）葬儀・告別式
①参列者 … 参列予定者の人数、リスト（名前、連絡先等）、連絡方法
②接待方法 … 参列者の応対方法
③式次第 … 葬儀・告別式の式次第
④進行・台本 … 葬儀・告別式の進行表や台本
※進行表や台本は、別紙添付してください
⑤進行担当者 … 実際の進行を依頼する人
⑥本人紹介 … 自作の紹介文の有無、または紹介内容の希望
※自作の場合は、別紙添付してください
⑦別れの言葉 … 自作の別れの言葉の有無
※自作の場合は、別紙添付してください

※参列者については、「参列者概要書　作成マニュアル」をご参照ください
※進行表については、「進行表　作成マニュアル」をご参照ください

（6）小物
①会葬礼状 … 会葬礼状を作成するか否か、作成の場合はその内容
※自作の場合は、別紙添付してください
②返礼品 … 返礼品を渡すか否か、渡す場合はその内容
③香典返し … 香典返しを渡すか、渡す場合はその内容、方法

（7）宗教家
①宗教家 … 必要か否か
依頼する人がいればその氏名、連絡先、ご関係
②お礼 … 宗教家へのお礼の金額

7．出棺～火葬場

出棺から火葬場で荼毘《だび》にふされるまでを、ご記入ください。
ご遺族にとっては、一番悲しさに包まれる時です。

（1）出棺
　①棺に入れる物　…　棺に入れて欲しいもの
　②運ぶ人　…　棺を担いで欲しい人
　③演出　…　出棺時にして欲しいこと
　　例）音楽を流す、声をかけてもらう

（2）搬送
　①霊柩車　…　霊柩車の種類
　　例）宮型、バン型
　②同乗者　…　同乗して欲しい人
　③搬送ルート　…　搬送ルートの希望

（3）火葬場
　①参列者　…　火葬場に同行して欲しい人の人数、リスト
　②骨壷　…　希望する骨壷があれば

8．精進落とし

ご臨終から火葬場までのすべての儀式が終わり、最後の精進落としについて、ご記入ください。

無事に悲しみの儀式を終え、ご親族の方々が日常生活に戻る時です。

　①場所　…　精進落としをするか否か、する場合は場所
　②お礼の言葉　…　自作のお礼の言葉の有無
　　※自作の場合は、添付してください

9．お別れの会

日頃お世話になった方々にお集まりいただき、最後のお別れをする場所です。
故人を中心とした、楽しい会にするように、思い残すことなく、考え抜いてください。

（1）会場・装飾
①場所 … 希望する場所、その理由
②祭壇 … 祭壇の有無、デザイン、サイズ、花の種類、内容等
③遺影 … 遺影に使用する写真
④装花・装飾 … 会場内に花、その他の装飾をするか否か、する場合は内容
⑤展示 … 展示、陳列するもの
　例）故人の写真年表、趣味の品々の展示
⑥供花・供物 … 供花、供物を受取るか否か、受取る場合はその取扱い方法
　例）待合に並べる、祭壇費用に充当し名札にする
⑦看板 … 看板が必要か否か、必要な場合は内容
　例）花で飾った看板にする

（2）企画・運営
①参会者 … 参会予定者の人数、リスト（名前、連絡方法等）連絡方法
②香典 … 香典を受取るか否か、受取る場合は香典返しの目安
③招待状 … 自分の言葉で用意するか否、会費制にするか否
　例）自筆で用意、料飲費用の約半額の会費制
④服装 … 参列者、身内等の服装の指定
　例）平服
⑤接待方法 … 料理、飲み物等、宴会スタイル、待合室の用意等
　例）料理は和風、立食ブッフェ、待合室用意
⑥企画・演出 … お別れの会の企画や演出
　例）孫の演奏、音楽の指定、
⑦式次第 … お別れの会の式次第
⑧進行・台本 … お別れの会の進行表、台本
　※進行表や台本は別紙添付してください
⑨運営担当者 … 会の運営を依頼する人、方法
　例）プロ司会者
⑩参会礼状 … 参会礼状を渡すか否か、自分の言葉にするか否か
　※自作の場合は、別紙添付してください
⑪参会返礼品 … 参会返礼品を渡すか否か、その内容
　例）故人の好きな酒、故人の趣味の作品

※参列者については、「参列者概要書　作成マニュアル」をご参照ください
※進行表については、「進行表　作成マニュアル」をご参照ください

お別れの会　企画書

中村　勤

作成者：ウイリングセンター

初版：平成13年９月10日

基本事項

◇ご本人

氏　　　名	ナカムラ　ツトム 中村　　　勤
生年月日	昭和25年３月16日　　　　　51歳
住　　　所	神奈川県横須賀市久比里７－23－２
連　絡　先	0468－＊＊－＊＊＊＊
同　居　者	中村　美千代　　　妻

◇依頼者

主　催　者	中村　美千代
実　行　者	高田　次郎　　友人　　090－＊＊＊＊－＊＊＊＊

◇会場予定

会　場　名 (第１候補)	西新宿ホテル 仕事の関係で良く利用していた。懇意な支配人がいる。
会　場　名 (第２候補)	四谷赤坂ホテル 仕事で利用していた。
コーディネーター	ウイリングセンター　石渡

会の趣旨

タイトル	中村　勤　お別れの会 ～　今までお世話になりました
コンセプト	ご迷惑をおかけしました。ありがとうございました。
目的	生前、ご迷惑をかけたことをお詫びすると共に、感謝の意を表すこと
基調	和やかななかで、淡々と
表現	感謝。自分の言葉で。ナレーション原稿を用意する。

参列者

参列者	通夜参列者の他に、知人、会社関係で親しい方。 総勢、120名を越えないように。
香典	受取らないが、会費制とする。 その額は、料飲費用の約半額程度とする。
招待状	自作の招待文を用意。
服装	完全な平服。女性は、着飾って欲しい。

運　営

統括者	妻
現場責任者	高田　次郎
司会者	井堀か斉京に依頼する。

接待方法

宴会方式	着席ブッフェとする。
料理	何でも構わないが、小鉢、小皿盛りとする。また、焼肉の網を用意し、ニンニク焼きを用意する。
飲料	ビールは少量で、乾杯分のみ。後は、冷酒、お燗の紹興酒、 生グレープフルーツサワーのみとする。

会場装飾

祭壇	1.8mの花祭壇
遺影	用意済み。
装花	妻に任せる。
装飾	ジョーゼットを活用する。
展示	ゴルフクラブ、トロフィー 子供の頃から最近までの写真（用意してある）
供花・供物	ご好意は受け取り、祭壇、装花の費用へ。 祭壇のお名前を掲示。
看板	フューネラルボードで、会の名前を。 デザインは任せる。

進行企画

◇入場

出迎え	会場入口で、妻、高田が立礼。
音楽	「別れの朝」のＣＤを流す。
照明	部屋全体を薄暗くしたまま、遺影にスポットを当てる。

◇開会の辞

担当者	司会者の案内で、一朗が述べる。 「勤の意思により、××会を行います。十分に...」
照明	全体を薄暗くした中で、一朗にスポットを当てる。

◇故人紹介

内容	参列していただく方々との関わりを織り交ぜて、自分の人生を。
方法	自分で書いた原稿を、司会（井堀を予定）のナレーションで。 自分の写真、思い出の風景等をプロジェクターに写す。
音楽	不要。
照明	全体を薄暗くした中で、遺影にスポットを当てる。
黙祷	しない。

◇送る言葉

タイトル	しない。
実施者	

◇献曲

曲　　名	不要
方　　法	
照　　明	

◇献花

花の種類	不要
順　　番	
方　　法	
音　　楽	
照　　明	

◇懇親会開始

献　　杯	乾杯として実施する。
実 施 者	島本

◇イベント

内　　容	多くの人に、好き勝手に、個人との思い出や悪口を語ってもらう。順番は事前に決めておき、司会者が仕切る。
音　　楽	グレンミラーのＣＤを、音量を落とし気味に流す。 (イベントが始まる前は、Ｒ＆Ｂを流す)
照　　明	部屋全体をやや暗くして、スポットを当てる。

◇別れの言葉

内　　容	自分で書いておく。
方　　法	高田が読みあげる。
音　　楽	不要。
照　　明	明るいまま。

◇お礼の言葉

実 施 者	妻が、妻の言葉で述べて欲しい。 場所は、遺影の下。
音　　楽	妻が選曲する。
照　　明	部屋を暗くして、遺影にスポットを当てる。 （妻が恥ずかしがるから）

◇閉会の辞

担 当 者	高田が述べる。ただ最後に、「ご苦労様でした」を皆で唱和して欲しい。
照　　明	部屋全体を暗くする。

◇退場

お見送り	全員、遺影の前を通る導線にし、妻、高田が遺影の前で立礼する。
音　　楽	オフコースの「さよなら」のＣＤを、やや大きめのボリュームで流す。
照　　明	ＣＤを合図に、部屋全体を明るくする。

小　物

式 次 第	不要。
名　　札	自分との関係を書いた名札を用意する。
参会礼状	自分で用意する。
参会御礼品	何かを用意したいが、まだ決まらない。

中村　勤　　お別れの会・進行表

時間	項　目	担　当	内　　容	音楽・照明等
	スタンバイ	主催者 高田	会場入口の所定位置に、主催者、高田が整列	部屋を薄暗く 遺影にスポット
0:00	入場	スタッフ	入場を案内する	ＢＧＭ開始 「別れの朝」
		主催者 高田	会場に入口にて立礼してお迎えする	
0:15	開会の辞	一朗	司会者の案内に従い、一朗が開会の辞を述べる	一朗にスポット
0:20	個人紹介	司会者	故人の自作原稿を、司会者が読み上げる	遺影にスポット プロジェクー
0:25	乾杯	島本	司会者の案内に従い、島本が乾杯の挨拶を行う	部屋を明るく
0:30	懇親会開始	司会者	司会者が、懇親会開始の案内を行う	ＢＧＭ開始 グレンミラー
1:00	イベント	司会者 阿部 吉田 井石 渡辺 村井 平田	司会者の案内により、５人のスピーチを行う	
1:35	別れの言葉	高田	司会者の案内により、高田が故人の自作原稿を読み上げる。	部屋を暗く 遺影にスポット ＢＧＭ開始 妻の選曲
1:38	お礼の言葉	主催者	司会者の案内により、主催者が別れの言葉を述べる	スポット不要
1:40	閉会の辞	高田	高田の言葉の後に、「お疲れ様でした」の唱和を行う	部屋を明るく
1:45	退場	司会者	司会者が終わりを告げる	
		主催者 高田	遺影の前の所定位置に、主催者、高田が立礼し、見送る。	ＢＧＭ開始 「さよなら」を大きめの音量で

中村　勤　お別れの会・進行台本

時間	項　目	担　当	内　容	音楽・照明等
0:00	入　場	スタッフ	入場を開始するように、案内。	部屋を薄暗く 遺影にスポット ＢＧＭ開始 「別れの朝」
0:05	開会の辞	司会者	只今より、「中村　勤　お別れの会～今までお世話になりました」を開会いたします。 初めに、外山一朗様より、開会のご挨拶を頂戴したいと存じます。 外山様は、中村勤の古くからのご友人であり、中村商事株式会社の創業時には、特にお世話になった方でございます。 本人の言葉によりますと、その時に、「一朗を見直した」とのことでございます。	ＢＧＭ終了 司会者にスポット
		一朗	一朗様の開会のご挨拶	一朗にスポット
0:10	個人紹介	司会者	ここで、中村勤のこれまでの人生を、皆様とともに振り返りたいと存じます。これからご紹介する内容につきましては、本人が生前に、自ら用意した原稿そのものでございます。 本人の原稿を司会者が代読	遺影にスポット プロジェクターに映像を写す
0:25	乾杯	司会者	これより乾杯をいたしたいと存じます。皆様には、グラスのご用意をお願いいたします。 ここで、乾杯のご挨拶を、島本英世様より頂戴したいと存じます。 島本様は、以前に勤務していた会社の取引先として知り合い、それ以降の友人となり、中村勤が論理で悩んだ時は、いつも相談を持ちかけていた方でございます。	部屋を明るく

			本人の言葉によりますと、自分は理窟の人間、島本様は感性の人間として、お互いに正反対のものを持つ者同士として、付き合いが始まった模様でございます。	
		島本	島本様の乾杯のご挨拶	
0:30	懇親会開始	司会者	これよりしばらくの間、皆様には、中村勤をお偲びいただきながら、ご歓談戴きたいと存じます。 只今会場に流されている音楽は、本人が学生時代に最も好んだＲ＆Ｂの名曲の中から、自らの選曲により、お送りいたしております。中でも特に、サム＆デイブやテンプテーションズの曲はお気に入りであり、５０歳を過ぎてからも時々ライブハウスに通っていた模様でございます。	ＢＧＭ開始 Ｒ＆Ｂ
0:32		司会者	また、本日はお飲物として、日本酒、紹興酒、生グレープフルーツサワーをご用意させていただきました。日本酒、紹興酒は本人の大好きなお酒でございます。生グレープフルーツサワーは、良く居酒屋で飲んでいた時に、奥様が好んでいたお酒でございます。	
0:34		司会者	そして、お料理には、若い頃には焼肉屋で、ご夫婦で争って食べていたという、大好物であったニンニク焼きも用意させて戴きました。 中村勤の最後の宴でございます。 どうぞ、十分にお召し上がり戴きますよう、お願い申しあげます。	
1:00	イベント	司会者	皆様には、ご歓談中のところ恐れ入りますが、これより、中村勤への送る言葉を頂戴したいと存じます。 この時間より、音楽の方は、グレンミラーの曲に変えさせていただきますが、これも本人の大好きな曲でございます。	ＢＧＭ開始 グレンミラー

			本人の言葉によれば、社会人になってから見た、映画の「グレンミラー物語」でグレンミラーを知ったため、自分にとってのグレンミラーはジェームズ・スチュアートであるそうでございます。	
1:03		司会者	それでは、はじめに、阿部三郎様、お願いいたします。	照明を暗く 遺影にスポット
			阿部様は、大学時代からのご友人であり、現在でも月に1度の割で、酒を飲み交わしていた間柄でございます。 本人の言葉によりますと、阿部様は真面目そのものに見えますが、それは酒が入っていない時の話だそうでございます。	阿部にスポット
		阿部	阿部様よりの送る言葉	
1:08		司会者	吉田哲夫様、お願いいたします。 吉田様は、中村勤が会社設立直後に仕事の関係で知り合い、それ以後のお付き合いとなります。 本人の言葉によりますと、吉田様には、当時いただいた講演の料金を、会社に内緒で3万円から5万円にあげていただいたことが、今も忘れられないそうでございます。	
		吉田	吉田様よりの送る言葉	吉田にスポット
1:13		司会者	井石隆一様、お願いいたします。 井石様には、今般の中村勤のお葬儀を、本人の意思により、お願いしたしております。 本人の言葉によれば、井石様の仕事中に、何度も突然押しかけて行き、2時間近くも質問をしていたそうでございます。いつも優しく答えてくれたことが、今も信じられないそうでございます。	

		井石	井石様よりの送る言葉	井石にスポット
1:18		司会者	渡辺信一様、お願いいたします。 渡辺様は、仕事の取引で付き合いが始まりましたが、ゴルフと酒の遊び仲間でございます。 本人の言葉によりますと、どちらが先に逝くかと賭けをしているそうでございます。	
1:23		渡辺	渡辺様よりの送る言葉	渡辺にスポット
		司会者	村井健様、お願いいたします。 村井様は、直接の仕事のお付き合いはございませんが、何かと仕事関係の心配りを戴いているご友人でございます。 本人の言葉によりますと、自分も変わった人間であるが、村井様には勝てないそうでございます。	
		村井	村井様よりの送る言葉	村井にスポット
1:28		司会者	平田真様、お願いいたします。 平田様とは、サラリーマン時代、ある会社で、一時期ご一緒に勤務された後も、なんとなくのお付き合いが続いている方でございます。 本人の言葉によりますと、自分も嘘つきであるが、それ以上の嘘つきであり、言うことが信用できない。今日は、いったいどんな話をするか、絶対に聞いてみたい、と言うことでございます。	
		平田	平田様よりの送る言葉	平田にスポット
1:33	別れの言葉	司会者	それではここで、中村勤より、ご参会の皆様に、お別れの言葉がございます。 本人の指名により、仕事上の片腕であり友人でもあり、本日の催しの世話役である、高田次郎より、ご挨拶申しあげます。	暗く 遺影にスポット ＢＧＭ開始 妻の選曲

		高田	高田様よりのお別れの言葉と 本人の自作原稿代読	
1:38	お礼の言葉	司会者	お別れの時間も残り少なくなりますが、これより、「中村勤　お別れの会　～今までお世話になりました」の主催者を代表いたしまして、中村勤の妻、美千代より、御礼のご挨拶を申しあげます。	
1:41	閉会の辞	主催者	主催者のお礼の言葉	ＢＧＭ終了 部屋を明るく
		司会者	さて、中村勤とのお別れも、最後を迎えようとしております。 最後に、高田次郎より、閉会のご挨拶を申しあげます。	
		高田	高田様の閉会の辞、 「お疲れ様でした」の唱和	
		司会者	ご唱和ありがとうございました。 これにて、「中村　勤　お別れの会　～今までお世話になりました」を、終了させていただきます。	
1:45	退場	司会者	おな、本人の希望でございますが、遺影に下にて、妻・美千代、世話役・高田次郎とともに、お見送り申しあげたいと存じます。 お帰りに際しましては、皆様には、係りの者の案内に従い、お進み戴きますよう、お願い申しあげます。 本日は、ご参会、誠にありがとうございます。 心より、御礼申しあげます。	ＢＧＭ開始 「さよなら」を大きめの音量で

石渡　元（いしわた　げん）
昭和48年、慶應大学文学部卒。流通系、金融系のサラリーマンを経た後、平成12年、ホテル葬と葬儀の事前準備相談を行うウイリングセンターを設立。都内ホテルの依頼を受け、販促イベントを多数展開するほか、早稲田大学オープンカレッジ等にて、積極的に消費者の啓蒙活動を実施。

葬儀は変わった！
これからの葬儀マニュアル
――親の葬儀をひかえた団塊世代への提案書

二〇〇七年四月一日　初版発行

著　石渡　元

定価一二六〇円（本体一二〇〇円＋税）

発行者　井出洋二
発行所　株式会社　駿河台出版社
東京都千代田区神田駿河台三丁目七番地
電話　〇三(三二九一)一六七六(代)
FAX　〇三(三二九一)一六七五番
振替　〇〇一九〇－三－五六六六九

印刷・製本㈱シナノ

ISBN 978-4-411-04003-9　C0077